Rudolf Lensing-Conrady

Die psychomotorische Kindertagesstätte

Leitfaden zur Zertifizierung als „Anerkannte psychomotorische Kita“

Rudolf Lensing-Conrady

Die psychomotorische Kindertagesstätte

Leitfaden zur Zertifizierung als „Anerkannte psychomotorische Kita“

Downloadlink für die „Reflexionsbögen“ und „Checklisten“:
https://www.verlag-modernes-lernen.de/permalink/v1312

Fotonachweis

Sousan Arbab	Titelfoto
Hans Jürgen Beins	Fotos Seite 13, 43, 44, 56, 57, 58, 79, 105, 113, 164
Birgit Hahnemann	Foto S. 83
Rudolf Lensing-Conrady	Fotos Seite 30, 45, 50, 52, 54, 64, 65, 67, 68, 81, 82, 84, 85, 89, 92, 93, 94, 96, 97, 99, 104, 106, 108, 109, 115, 128, 149
Gottfried Schilling	Fotos Seite 76, 78
Kita Mozartstraße Stolberg	Foto Seite 32
Kita Franziskusstraße Stolberg	Foto Seite 71
Martin Vetter	Foto Seite 35
Waldkindergarten	Foto Seite 102, 111

Veröffentlicht in der Edition:
verlag modernes lernen Borgmann GmbH & Co. KG
Schleefstraße 14 · D-44287 Dortmund

Gesamtherstellung: Löer Druck GmbH, Dortmund

Bestell-Nr. 1312 ISBN 978-3-8080-0857-7

Inhalt

Vorwort

Bewegung als Profil von Kindertageseinrichtungen erfreut sich zunehmender Beliebtheit. Nicht nur bei pädagogischen Fachkräften sondern auch in der Öffentlichkeit setzt sich die Einsicht durch, dass sich in einer Welt ständig wachsender Bewegungseinschränkungen Bildungseinrichtungen verstärkt einer entscheidenden Frage stellen müssen: Nehmen wir alle Chancen wahr, Kindern Raum und Gelegenheit zu geben für eine ganzheitliche Entwicklung, die auch Erfahrungen mit dem Körper und mit allen Sinnen umfasst?
Der Kindergarten als erste Stufe des Bildungssystems trägt eine besondere Verantwortung, denn hier ist es am ehesten möglich, zivilisationsbedingten Bewegungsmangel auszugleichen und Kindern einen ihren Bedürfnissen entsprechenden Lebensraum zu schaffen.
Auch Eltern wünschen sich für ihre Kinder eine Bildungseinrichtung, in der deren Entwicklung ganzheitlich unterstützt und gefördert wird, in der Spielen und Lernen selbstverständlich miteinander verbunden werden, in der sie in der Gemeinschaft mit anderen ihre Persönlichkeit stärken, aber auch soziale Verantwortung übernehmen und Regeln des Zusammenlebens lernen.
Bewegung ist für Kinder Motor der Entwicklung und ein elementares Mittel, um sich die Welt anzueignen. Über Bewegung machen sie Erfahrungen über sich selbst, über die eigenen Fähigkeiten und Potenziale, sie setzen sich jedoch auch mit ihrer sozialen, materialen und räumlichen Umwelt auseinander.
Eigentlich müsste jeder Kindergarten ein Bewegungskindergarten sein – wenn er sich das Ziel setzt, den elementaren Bedürfnissen der Kinder nach Spiel und Bewegung gerecht zu werden.

Während sich die Zahl der Bewegungskindergärten in den letzten Jahren in allen Bundesländern erheblich erweitert hat, sind „Psychomotorische Kindertageseinrichtungen“ noch sehr selten. Dabei bietet doch gerade das Konzept der Psychomotorik die Chance, Bewegung im Sinne einer Stärkung der psychischen wie auch der motorischen Entwicklung von Kindern einzusetzen.

Was zeichnet nun einen Kindergarten aus, der sich an einem psychomotorischen Profil orientiert?
Auf diese spannende Frage gibt das vorliegende Buch Antworten. Es beschreibt die didaktisch-methodischen Prinzipien psychomotorischer Angebote, gibt Hinweise zur psychomotorischen Raumgestaltung in der Kita und zur fachlichen Qualifikation der pädagogischen Fachkräfte. Vor allem aber befasst es sich mit den Kriterien, die zur Anerkennung einer Kita als psychomotorische Kindertageseinrichtung herangezogen werden können.
Das Buch füllt damit eine Lücke – indem es die Kriterien klar herausarbeitet, wie die Qualität der psychomotorischen Rahmenbedingungen in der Kindertageseinrichtung eingeschätzt werden kann.
Ich wünsche dem Buch eine gute Verbreitung – möge es dazu beitragen, dass die Idee der Psychomotorik als Profil einer Kita sich weiterhin durchsetzt und möglichst viele Kinder davon profitieren können.

Prof. Dr. Renate Zimmer

Prof. Dr. Renate Zimmer erhielt die E. J. Kiphard-Medaille 2010 für ihre Verdienste um die Psychomotorik im deutschsprachigen Raum

Einführung

Seit mehr als 10 Jahren bietet das Institut für angewandte Bewegungsforschung (IfaB) im Förderverein Psychomotorik Bonn ein Zertifikat „Anerkannte psychomotorische Kindertagesstätte“ an. Mit dem Zertifikat werden Einrichtungen ausgezeichnet, die nachweislich in hohem Maße psychomotorische Standards erfüllen.
Bereits 1995 eröffnete der Förderverein die erste Psychomotorische Kindertagesstätte im deutschsprachigen Raum. Dabei stellte sich die Frage: „Was ist eigentlich eine psychomotorische Kindertagesstätte?“ Wenig später meldeten sich Einrichtungen mit dem Wunsch, sich ebenfalls psychomotorisch auszurichten. „Was können wir tun, um auch eine ‚psychomotorische Kindertagesstätte‘ zu werden?“ Spätestens hier standen die Fragen nach inhaltlichen Schwerpunkten und Qualitätsstandards einer Tagesstätte im Raum, die sich mit Fug und Recht „psychomotorisch“ nennen und über ein anerkanntes Zertifikat auch nach innen und außen kommunizieren darf. Im Zuge der quantitativen, qualitativen und überregionalen Erweiterung des Konzeptes entstand nun dieser Leitfaden zur Zertifizierung.

Willkommen im Kreis derer, die Psychomotorik als Chance für eine qualitative Weiterentwicklung der Arbeit in Kindertagesstätten, Familienzentren und anderen pädagogischen Einrichtungen erkennen.

Dieses Buch will Leitfaden für eine Qualitätsentwicklung von Kindertagesstätten im psychomotorischen Kontext sein. Gefordert ist nicht die **eine** Einrichtung, die Ansammlung von Superlativen. Es geht um den Weg: den Kindern als selbstlernenden Wesen genügend Freiraum zu lassen, sie emotional und weitsichtig zu begleiten und ihnen Erfahrungsraum bereitzustellen. Es geht um den nicht nachlassenden Willen, das Beste aus den Gegebenheiten zu machen, den Mut, sich mit Missständen nicht abzufinden, sondern diese so weit möglich zu beheben. Es geht um die Aufmerksamkeit, Chancen wahrzunehmen, die Flexibilität, Alternativen zu suchen ... Solche Qualitäten machen für Kinder und ihre Lebensorte den Unterschied aus.

Einige Kapitel dienen der Einführung in und dem Überblick über die inhaltlichen und organisatorischen Hintergründe des Konzeptes einer

Zertifizierung „Anerkannte psychomotorische Kindertagesstätte“. Sie haben nicht den Anspruch, diese Bereiche vollständig zu beschreiben. Deshalb finden Sie im Anschluss an diese Kapitel einige grundlegende Literaturhinweise, die eine systematische Vertiefung in die jeweiligen Themen erlauben. Weitergehende und zitierte Literatur ist am Ende des Buches aufgeführt.

Das psychomotorische Modell mit seiner didaktischen Struktur und den methodischen Prinzipien psychomotorischer Angebote sowie eine diese Prinzipien unterstützende Rolle der pädagogischen Begleitung bilden den Referenzrahmen für das Zertifikat „Anerkannte psychomotorische Kindertagesstätte“.

Im Anhang finden Sie Reflexionsbögen zu den vorgestellten psychomotorischen Standards. Sie sollen als Hilfestellung zur Frage verstanden werden, wie weit eine Kindertagesstätte bereits psychomotorische Standards erfüllt. Ebenfalls im Anhang sind Checklisten beigefügt, die die formellen Voraussetzungen des Verfahrens im Blick behalten helfen.

HINWEIS: Reflexionsbögen und Checklisten stehen im Format DIN A4 zusätzlich als Download zur Verfügung (siehe Link auf Buch-Seite 4).

... die Kita auf den Kopf stellen (Wolke 7, Bonn).

1. Zertifizierung und Qualitätsmanagement in der Kindertagesstätte

Die Kindertagesstätte ist Lebens-, Bildungs- und Erziehungsraum für inzwischen fast alle Kinder von 3 Jahren bis zum Schulalter und in immer größerem Maße auch schon im Kleinkindalter von 0–3 Jahre. Mit dieser Entwicklung hat die Bildungspolitik, in Deutschland Sache der Bundesländer, eine große Verantwortung für die Kinder und ihre zukünftige Lebensführung übernommen. Spätestens seit der PISA-Krise versuchen die Länder, dieser Verantwortung auch durch eine stärkere Strukturierung der Frühpädagogik gerecht zu werden. Durch eine kontinuierliche Weiterentwicklung, Sicherung und Evaluierung der pädagogischen und strukturellen Qualität sollen die Bildungschancen der Kinder auf ein möglichst hohes Level gebracht werden. Hierzu sind auch die teilweise sehr unterschiedlichen Träger der Kindertagesstätten aufgerufen, unter deren Dach die praktische Umsetzung von Bildungsplänen organisiert wird. Mit den staatlichen Zielvorgaben der Bildungspläne werden auch träger- und einrichtungsspezifische Leitbilder verbunden, die einen bunten Fächer an inhaltlichen und methodischen Wegen eröffnen. Auch angesichts dieses pluralistischen Konzeptes gelten objektivierbare Qualitätsentwicklung und Qualitätssicherung als Schlüssel zum Erfolg. Systematisches Reflektieren und Bewerten der Angebotspraxis sind Ausgangspunkte für die kontinuierliche Weiterentwicklung – zum Wohle der Kinder.

1.1 Qualität in der Kita – Grundzüge des Qualitätsmanagements

Was ist „Qualität" und was macht die Qualität einer Kindertagesstätte aus? Die in dem allgemein anerkannten Regelwerk DIN EN ISO 9000 festgelegte Definition für Qualität als „Grad, in dem ein Satz inhärenter Merkmale eines Objektes Anforderungen erfüllt", soll den ansonsten recht interpretierbaren Begriff Qualität auf einen einheitlichen und beobachtbaren Inhalt festlegen.

Am Beispiel erläutert: Laut dieser Definition ist Qualität dann gegeben, wenn ein „Objekt", also ein Produkt, eine Dienstleistung oder ein vergleichbarer Betrachtungsgegenstand Eigenschaften aufweist, die zuvor festgelegten Anforderungen genügen.

- Wenn also jemand für eine Erdbeermarmelade formuliert, sie soll nach Erdbeeren schmecken, lange haltbar sowie preiswert sein, dann wird dieser Jemand voraussichtlich beim Discounter fündig. Dieser ist in diesem Fall Qualitätslieferant.
- Wer aber eine Erdbeermarmelade wünscht, die aus biologisch angebauten Erdbeeren besteht, ohne Aromastoffe und Konservierungsmittel etc. hergestellt wurde, findet solche Marmelade eher im Bioladen oder im Feinkostgeschäft. Discounter sind in diesem Fall plötzlich nicht mehr Qualitätslieferanten.

„Qualität" ist damit abhängig vom Level der Anforderungen, die erfüllt werden müssen.

Auch bezogen auf unser Thema lässt sich diese Definition anwenden. Denn für die Bewertung eines Produktes oder einer Dienstleistung (im hier betrachteten Fall die Kindertagesstätte) sind spezifische und kennzeichnende Eigenschaften vorhanden, die die Anforderungen (beispielsweise die gesundheits- und entwicklungsfördernde Kinderbetreuung) erfüllen – oder eben nicht. Diese verhaltens-, zeit- oder organisationsbezogenen Eigenschaften liefern dann feststellbare „Qualitätsmerkmale", die eine Beurteilung zulassen. Dazu gehört auch die Erfüllung der rechtlichen Rahmenbedingungen sowie der qualitativen Erwartungen an die Organisation, die von unterschiedlichen Interessengruppen (z. B. Kinder, Eltern, Träger, Team, Nachbarschaft, Stadt/Gemeinde ...) gestellt werden.
Um der Fülle dieser Merkmale gerecht werden zu können, hat sich im Gesundheits- und Sozialwesen eine Unterscheidung in Strukturqualität, Prozessqualität und Produkt- bzw. Ergebnisqualität als sinnvoll erwiesen. Diese drei Dimensionen erlauben eine erste Systematisierung, wenn man sich an die praktische Umsetzung von Qualitätsanforderungen macht.

Strukturqualität:

Für den jeweiligen Aufgabenbereich relevante Rahmenbedingungen

- Gesetzliche Grundlagen, Räumlichkeiten, Finanzrahmen, materielle Ausstattung, personelle Voraussetzungen, Infrastruktur auch in der Umgebung etc.

Prozessqualität:

Im Verlauf der Aufgabenerfüllung relevante Vorgänge und Handlungen

- Qualität der Abläufe, menschliche Zugewandtheit und professionelle Betreuung, Informationsaustausch und Kommunikation, Organisation, Kooperation, Verwaltung etc.

Ergebnisqualität:

Resultate des gesamten Arbeitsprozesses und -aufwands

- Qualität der Ergebnisse, Eintreten der gesetzten oder erwarteten Leistungsziele, Zufriedenheit der Beteiligten, Einhaltung des Finanzrahmens etc.

Qualitätsdimensionen

Für diese Qualitäten werden Sollvorstellungen („Standards“) im Hinblick auf die konkreten Aufgabengebiete der Organisation (hier der Kindertagesstätte) entwickelt.
Diese in den Standards weiter zu differenzierenden Qualitäten versucht ein Qualitätsmanagement im Auge zu halten, zu kontrollieren und fortlaufend zu verbessern.

Für die Qualitätsüberprüfung mag das Ergebnis Dreh- und Angelpunkt sein. Veränderung und Weiterentwicklung gehen aber immer von begünstigenden oder hemmenden Strukturen und Prozessen aus. Qualitätsmanagement und Qualitätsverbesserung dürfen deshalb nicht allein auf die Ergebnisse fixiert sein, sondern müssen Prozessen und Strukturen besondere Aufmerksamkeit entgegenbringen. Das ist die

Idee eines wirksamen Qualitätsmanagements und am Ende auch eines psychomotorischen Konzeptes: die Qualität in die Abläufe „hineinplanen“ und eben nicht die Fehler „herausprüfen“. Insofern kommt es auch auf die qualitätsbezogenen Ziele an: Versteht man sich als Discounter, dann sind die Qualitätsziele anders (und vermutlich niedriger) festgelegt als es in einem Bio-Feinkost-Geschäft der Fall ist (s. o.).

Damit die Ziele zur Organisation (hier: zur jeweiligen Kindertagesstätte) passen, hat sich eine „smarte“ Regel bewährt, wie sie auch für das vorliegende Organisationsmanagements- und Zertifizierungskonzept maßgeblich ist.

S	Alle Ziele sollten mit den Beteiligten diskutiert und für alle Beteiligten eindeutig sein. Damit werden sie **spezifisch** formulierbar. Bei der Festlegung der Ziele muss darauf geachtet werden, dass ihr Erreichen später auch feststellbar ist.
M	Sie sollen **messbar** sein, auch wenn dies zum Teil einen nicht unerheblichen Erhebungsaufwand bedeutet. Gerade im pädagogischen Feld ist es nicht immer leicht, sinnvolle Ziele zu finden, die wirklich (objektiv) messbar sind. Das ändert nichts daran, dass Messbarkeit zumindest angestrebt wird.
A	Unerlässlich ist es, dass die Ziele von allen Beteiligten verstanden, mitgetragen und **akzeptiert** werden.
R	Qualitätsziele müssen **realistisch** erreichbar sein. Um die Beteiligten zu motivieren und nicht zu demotivieren, dürfen Ziele nicht utopisch, müssen aber ambitioniert sein. Sie sollten mit Mühe und den vorhandenen oder möglichen Ressourcen erreichbar sein.
T	Zu guter Letzt ist es wesentlich, das Erreichen von Zielen zu **terminieren.** Auch hier ist eine Balance von Ambitioniertheit und Realitätssinn erforderlich.

Dieses „smarte“ Vorgehen ist wesentlicher Teil der Prozessbegleitung (siehe auch Kap. 7.1).

Die im Qualitätsmanagement angestrebten Standards entsprechen üblicherweise international anerkannten Normen. Über alle Wirtschafts- und Sozialbereiche hat sich die Normenreihe DIN ISO 9000 ff. als allgemein anerkannter Standard durchgesetzt. Diese Normen werden von der Internationalen Normenorganisation, der ISO (International Organization for Standardization mit Sitz in der Schweiz) erarbeitet und herausgegeben. Die branchenübergreifenden und grundsätzlich für Organisationen jeder Größe anwendbaren Normen, unter denen die Einzelnorm DIN EN ISO 9001 einen besonderen Stellenwert hat, folgen sieben QM-Grundsätzen von der Kundenorientierung bis zum Beziehungsmanagement, die auch für den Erfolg einer Kindertagesstätte anwendbar und hilfreich sind:

Sieben Grundsätze des Qualitätsmanagements

- **Kundenorientierung**
  Die Erwartungen der Kunden sollen mindestens erfüllt, wenn nicht übertroffen werden. Wenn beispielsweise die Kinder die Tagesstätte fröhlich verlassen und sich auf den nächsten Tag in der Kita freuen, ist dieses Ziel in Bezug auf die Kinder erreicht.

- **Führung**
  Die engagierte Führung im Entwicklungsprozess sollte sich auf viele/alle Schultern verteilen.

- **Engagement von Personen**
  Die Kompetenz und das Engagement eines/r jeden im Team sind entscheidend für den Erfolg.

- **Prozessorientierter Ansatz**
  Ein kohärentes System fördert das individuelle Engagement: Die Vorgänge sollen von allen Beteiligten als verstehbar, wichtig und machbar wahrgenommen werden.

- **Verbesserung**
  Das Augenmerk im Prozess des Qualitätsmanagements liegt immer auf der Verbesserung. Verbesserung kann beispielsweise durch neue oder veränderte Beziehungen zu allen Beteiligten entstehen, die die Perspektiven verändern und in die weiteren Maßnahmen einfließen.

- **Faktengestützte Entscheidungsfindung**
  Welche konkreten Fakten können für Entscheidungen herangezogen werden?

- **Beziehungsmanagement**
  Für den Erfolg ist es notwendig, mit allen relevanten Interessengruppen geeignete Beziehungen aufzubauen und aufrechtzuerhalten.

Die bereits erwähnte DIN EN ISO 9001 ist der eigentliche Standard für Zertifizierungen. Sie enthält rund 250 Einzelanforderungen an das Qualitätsmanagement einer zu zertifizierenden Organisation (Unternehmen, Behörde, Sozialeinrichtung usw.). Was DIN EN ISO 9001 naturgemäß nicht berücksichtigt und auch nicht berücksichtigen kann, sind die spezifischen Bedingungen einer Kindertagesstätte. Erst recht unberücksichtigt bleiben spezifische Anforderungen, wie sie sich aus der psychomotorischen Perspektive ergeben. Gleichwohl ist die Norm ISO 9001 aufgrund ihrer Anwendungsbreite und der ausgeprägten Prozessorientierung eine wesentliche Säule für den psychomotorischen Zertifizierungsansatz. Ganz nebenbei eröffnet die Berücksichtigung der DIN EN ISO 9001 auch die Möglichkeit einer größeren Akzeptanz bei (lokalen) Behörden oder Versicherungsträgern, denn dieser Standard ist allerorten bekannt und wird nahezu durchgängig als Zertifizierungsgrundlage genutzt.

1.2 Zertifizierung – ein effizienter Weg zur Qualitätsentwicklung

Zertifizierungen sind Bestandteil und Zielorientierung einer Qualitätsentwicklung in allen Bereichen der Gesellschaft, von der Industrie über den Handel, die öffentliche Verwaltung bis hin zum Gesundheitswesen und zu Bildungseinrichtungen, z. B. Kindertagesstätten. Entsprechend groß ist die Zahl der Qualitätssiegel. Sie folgen bestimmten Kriterien, die im Focus des Interesses liegen (besonders umwelt-, mitarbeiter- oder kundenfreundlich usw.) und sollen die Anerkennung und Vermarktung des jeweiligen Produktes fördern, flankieren oder gar initiieren. Qualitätssiegel können als gute Argumente für Eltern und Trägerorganisationen oder auch als Voraussetzung für spezifische Fördergelder dienen. Sie helfen in öffentlichen Ausschreibungsverfahren genauso wie bei der individuellen Spendenaquise.

Grundlage einer Zertifizierung ist das, was in der täglichen Praxis stattfindet und Auswirkungen auf die Qualität hat. Dabei gibt es durchaus eine notwendige Unterscheidung zwischen dem QM-Ansatz auf der einen und dem psychomotorischen Zertifikat auf der anderen Seite.

Vergleichbar mit dem Segeln:

- Es kann sein, dass jemand ein Weltklasse-Segler ist, der jedoch nie den A-Schein gemacht hat (so hatte Kolumbus vermutlich einen A-Schein).
- Gleichwohl braucht man so eine Bescheinigung, wenn man auf Gewässern unterwegs sein oder ein Boot leihen will.
- Dass aber andersherum mancher, der so einen A-Schein hat, kaum segeln kann, lässt sich leicht beobachten.

Dieses Beispiel beschreibt den Unterschied zwischen rein formellem und in der Praxis wirksam angewandtem Qualitätsmanagement. Ziel der psychomotorischen Zertifizierung ist die „gelebte Qualität“ oder auch das „gelebte Qualitätsmanagement“. Im Rahmen einer Zertifizierung wird überprüft, ob im Alltag die Anforderungen erfüllt werden, die im zugrundeliegenden Standard beschrieben sind. Kurz gesagt: Eine Zertifizierung überprüft, ob das Ist dem Soll entspricht.

Dazu gehört nicht zuletzt die Überprüfung, in welcher Weise die Qualitätserwartungen der verschiedenen Interessengruppen (Kinder, Eltern, ErzieherInnen, Träger usw.) erfasst und aufgegriffen werden. So sind auch für die Kindertagesstätte eine Sichtung und Festlegung von Standards (Kap 4) und Erwartungen (Kap 5) vonnöten, die bewertet werden sollen. Das Qualitätsmanagement kümmert sich dann um die Strukturen (etwa die materielle, räumliche und finanzielle Ausstattung, die personelle Versorgung, Infrastruktur der Umgebung) und die Prozesse (den Tagesablauf, die Team- und Elternkommunikation, die Angebotsinhalte etc.), mit denen die Zielerwartungen erreicht werden sollen. So werden bestmögliche Voraussetzungen für die Qualität der Ergebnisse geschaffen.

Um diese Qualitätsmerkmale auswertbar erfassen zu können, werden sie mit Qualitätsindikatoren (Zahlenwerte) versehen, die dann eine

Bewertung des jeweiligen Prozesses erlauben (Kap. 5.4). Somit kann anhand von Daten und Fakten gezielt eingegriffen werden, um Korrekturen vorzunehmen oder weiterführende Verbesserungen einzuleiten. Die einzelnen Maßnahmen und Vorkehrungen werden in einer Systematik zusammengefasst, damit Doppelarbeit, Widersprüche und andere Schwierigkeiten vermieden werden. Dieses „Qualitätsmanagementsystem" wird im Rahmen eines Audits (Kap. 7.2) systematisch und unabhängig überprüft und bewertet.
„Audit" leitet sich vom lateinischen Wort „audire" ab, zu übersetzen mit „hören, zuhören". Wörtlich übersetzt heißt „Audit", er/sie/es hört zu. Genau das passiert in einem Audit: Es wird anhand von Fragen überprüft, ob die Organisation die definierten Anforderungen erfüllt. Die Auditorin bzw. der Auditor hört zu, fragt nach, lässt sich Nachweise zeigen (damit nicht einfach nur behauptet oder gar geschummelt wird) und bewertet auf dieser Grundlage, ob die Anforderungen erfüllt werden. Audits werden überall dort eingesetzt, wo Qualitätsmanagementsysteme existieren – weltweit in mehr als 3 Millionen Organisationen.

Die Ergebnisse des Audits werden in einem Bericht dokumentiert und der auditierten Organisation zur Kenntnis gebracht.

Erwartungen an und Vertrauen in ein Gütesiegel

Zertifizierungen dienen nicht zuletzt dem Aufbau von Vertrauen in Leistungen, die die Kundin oder der Außenstehende im Einzelnen nur schwer erfassen kann. So ist es für Eltern, Trägervertreter oder Finanzpartner im Alltag kaum möglich, die Angebotsqualität einer Kindertagesstätte insgesamt zu erfassen. Es überwiegen die subjektiven Eindrücke des Momentes. Das Qualitätssiegel schafft Vertrauen in den Gesamtzusammenhang und die Dauerhaftigkeit der Angebotsqualität.

Im globalen Wettbewerb sind vergleichbare Standards und Prüfverfahren von grundlegender Bedeutung, damit eine nicht im Einzelnen befasste Zielgruppe darauf vertrauen kann, dass es sich um Produkte handelt, die den vereinbarten Qualitätsstandards entsprechen. Vertrauensverlust ist auch eine der gravierendsten Folgen, wenn diese Vereinbarungen nicht eingehalten oder gar hintertrieben werden. Wie für den VW-Konzern gilt dies auch für kleine Organisationen, wie etwa eine Kindertagesstätte, auch wenn sich diese nicht im globalen Wettbewerb befindet. Aber auch sie steht nicht allein: Selbst für Kindertagesstätten hat so etwas wie ein Wettbewerb längst begonnen – auf lokaler Ebene. Die mit dem Gütesiegel verbundene Erwartung von Seriosität und Qualität der Einrichtung ist werbewirksam und erhöht die Nachfrage insbesondere anspruchsvoller und engagierter Eltern.

Ein Gütesiegel ist ein Versprechen und für alle Seiten auch eine Verpflichtung.

Für die Kindertagesstätte ist das Gütesiegel selbst nicht das Entscheidende. Vielmehr ist es der dahinterstehende lebendige Prozess und erlebte Erfolg der pädagogischen Reflexion.

2. Bildungsvereinbarungen der Länder

Seit die erste PISA-Studie Anfang der 2000er Jahre die Bildungswelt durcheinander wirbelte, ist ein Focus der Bildungsdiskussion verstärkt auf die frühkindliche Bildung und deren weichenstellende Wirkung für Lebenserfolg gerichtet. Man kann zur Studie selbst, insbesondere aber zu ihrer Auslegung und bildungspolitischen Umsetzung unterschiedlicher Meinung sein (vgl. Liessmann 2006). Sicher aber ist es ein PISA-unterstützter Fortschritt, wenn die Sicht auf Bildung als lebenslanger Prozess um die frühkindliche Perspektive erweitert wurde. Bedeutung und Stellenwert der frühkindlichen Entwicklung werden deutlich stärker als frühkindliche Bildung wahrgenommen. Damit rücken sie ins Zentrum bildungspolitischer Steuerungsbemühungen und Maßnahmen.

Probleme der Bildungssteuerung

Gleich hier gibt es die ersten Schwierigkeiten: Ab wann können Bildungsmaßnahmen überhaupt greifen, wenn doch die erste Lebensphase im familiären und damit extrem unterschiedlichen Umfeld weitgehend außerhalb des staatlich-pädagogischen Zugriffs bleibt? Insofern ist das Bemühen, in wachsendem Maße Kinder bereits im Krippenalter professionell zu unterstützen, politisch konsequent. Ebenso bedeutsam ist es, auch das häusliche Entwicklungsumfeld in den Blick zu nehmen, wie es beispielsweise die als Familienzentren erweiterten Kindertagesstätten tun.

Spätestens bei solchen Fragen der Umsetzung bildungspolitischer Grundannahmen in die Praxis zeigt sich ein weiteres Problem: Die föderale Struktur mit einer in die Hände der Landesregierungen gelegten Bildungshoheit führt zu einem bunten Durcheinander unterschiedlicher Konzepte und Maßnahmen. Während sich die Präambeln der Bildungspläne noch weitgehend gleichen, erwachsen daraus in der Praxis ganz unterschiedliche Konzepte, etwa zur Sprachförderung oder zur Förderung personaler und sozialer Kompetenzen. Wie unterschiedlich die Situation in den Kitas ist, geht unter anderem aus dem „Länderreport Frühkindliche Bildungssysteme 2017“ (Bock-Famulla u. a., 2017) hervor, der neben der inhaltlichen Länderspezifik auch noch strukturelle Unterschiede (Personalausstattung, regionale Unterschiede, Stadt-

Land-Versorgung u.a.) ausmacht, die nachhaltigen Einfluss auf die Kitarealität nehmen.

2

Hinzu kommt eine pluralistische Grundhaltung. Die „ausdrückliche Anerkennung der Prinzipien der Trägerpluralität und Trägerautonomie" (Präambel zur Bildungsvereinbarung NRW, 2015) ermöglicht auch träger- und einrichtungsspezifische Leitbilder, die einen bunten Fächer an inhaltlichen und methodischen Wegen eröffnen, allerdings ebenfalls zur heterogenen Angebotsentwicklung in den Tagesstätten führen. In dieser Heterogenität liegt allerdings ein großes Entwicklungspotenzial. Sie birgt ja auch die Chance, „nach oben" abzuweichen, besonders förderliche Verhältnisse zu schaffen und sozusagen als „model of good practice" in die Bildungspraxis wie auch in die bildungspolitische Diskussion hineinzuwirken.

Kartonburg zum Themenkreis „Märchenland" in der AWO-Kita Hedwig Wachenheim

Wege der Bildungssteuerung
Um die Praxis früher Bildung insgesamt zu erreichen und in der Breite zu entwickeln, entwerfen die Länder auf der Grundlage ihrer gesetzlichen Vorgaben Bildungsvereinbarungen, die trägerübergreifend gemeinsame Grundlagen für Bildung, Erziehung und Betreuung schaffen und mit den Trägern vereinbart werden sollen. Diesen „Bildungsgrundsätzen" (NRW) oder „Orientierungsplänen" (BWB) liegt überwiegend ein Bildungsverständnis zugrunde, das die individuellen Bedürfnisse und Kompetenzen der Kinder in den Blick nimmt und stärkenorientiert zum Ausgangspunkt pädagogischen Handelns macht. Das hört sich gut an - aber was sind kindliche Bedürfnisse? Hier bedarf es der genaueren Lektüre der Orientierungs- und Bildungspläne, die dann Unterschiede in der Bildungsauffassung der Länder verdeutlicht. So kommt das Wort „Bewegung" in der Darstellung „Wie Kinder Lernen" (Orientierungsplan Baden-Württemberg, S. 30 ff.) nur insofern vor, dass es als störungsauslösendes Defizit identifiziert wird: „Bei diesen Kindern (die Rede ist von ‚therapiebedürftigen Bewegungsstörungen' d. Verf.) gelang es der Umwelt nicht, genügend Anregung zum Bewegen zu bieten." (ebd. S. 33) Die hier aus Sicht der Psychomotorik vollkommen unzureichend verankerte Rolle von Bewegung im Zusammenhang von Bildung und Entwicklung bildet den Stand der bildungspolitischen Auffassung und Bewertung von Bewegung ab. Diese Bewertung wird in NRW anders vorgenommen. Hier ist „Bewegung" der erste von 10 Bildungsbereichen, der darüber hinaus maßgeblich Einfluss auf die 9 weiteren Bereiche nimmt: „Somit wird auch deutlich, dass sich der Bildungsbereich Bewegung durch den gesamten Alltag hindurchzieht und mit allen Bildungsbereichen verbunden ist." (Bildungsgrundsätze NRW, S. 78)

Die Bildungsgrundsätze enthalten insbesondere Ausführungen zu den pädagogischen Grundlagen und Zielen, zur Gestaltung von Bildungsprozessen sowie zu zentralen Bildungsbereichen, die in der bildungspolitischen Diskussion für relevant gehalten werden.
Natürlich sind sie immer auch Ausdruck gesellschaftspolitischer Diskussion und Schwerpunktsetzung, weshalb in der aktuellen Umsetzung der Vereinbarungen – angesichts der integrativen Aufgaben der

2

Kita zu Recht – den Bereichen Sprachbildung und Sprachförderung besondere Aufmerksamkeit geschenkt wird. Allerdings bleibt dieser Bildungsbereich Sprache eingebunden in den Kanon aller 10 ausgemachten Bildungsbereiche. Dahinter steht der Anspruch, Bildungsprozesse ganzheitlich zu betrachten.

Vertiefende Literatur:

- Bildungsvereinbarungen der Länder
- Ministerien für Schule und Bildung sowie Kinder, Familie, Flüchtlinge und Integration des Landes NRW (2018) Bildungsgrundsätze für Kinder von 0–10 Jahren. Freiburg: Herder
- Bock-Famulla, K., Strunz, E., Löhle, A.: Länderreport Frühkindliche Bildungssysteme 2017, Verlag Bertelsmann Stiftung

Elementare Erfahrungen begründen Bildung

3. Warum ein eigenes Qualitäts-siegel in der Psychomotorik?

Logo Gütesiegel

Mit der Zertifizierung „Anerkannte psychomotorische Kindertagesstätte“ geben sich die Einrichtungen ein besonderes Profil. Auf der Grundlage der Bildungsgesetze der Länder zeigen psychomotorische Kitas, dass sie mit einem kindzentrierten Blick besondere Anstrengungen unternehmen, den Kindern in ihrer Einrichtung optimale, zumindest optimierte Bedingungen für eine gesunde, bewegte, wahrnehmungsreiche Entwicklung zu bieten. Dabei haben sie das gesamte Lebensumfeld der Kinder im Auge.

Dies ist unter anderem geprägt von einem Rückgang von Bewegungsgründen für Kinder. Warum sollten wir zur Kindertagesstätte laufen, wo es doch ein Auto gibt? Wieso dürfen Kinder im Matsch spielen, wenn dann nachher doch teure Kleidung Schaden nimmt oder zumindest schmutzig wird? Die Bildungsbemühungen der Kindertagesstätten treffen auf konkrete Lebenswelten der Kinder und finden in den Bildungsvereinbarungen der Länder aus psychomotorischer Sicht, vor

Bewegung/Wahrnehmung in der Kita

3

allem im Hinblick auf Bewegungs- und Wahrnehmungsförderung, oft nicht genügend Hinweise und Anregungen. Es ist zur Erfüllung des Bildungsauftrages einer Kindertagesstätte unerlässlich, Bewegung als „Motor des Lernens“ zu erkennen und gezielt zu unterstützen. Dabei darf Bewegung nicht auf Sport verkürzt werden. Hier bietet sich die Psychomotorik als besonders motivierendes und praxisorientiertes Bewegungs-, Wahrnehmungs- und Bildungskonzept an.

Im Fall einer „psychomotorischen Kindertagesstätte“ wollen und sollen sich Eltern darauf verlassen können, dass ihre Kinder bestmöglich auf psychomotorische Art und Weise betreut und gefördert werden. Psychomotorik als Grundgedanke der frühen Förderung in der Kindertagesstätte hat sich vielfältig etabliert, auch wenn der Begriff zum Beispiel in den Bildungsgrundsätzen NRW nicht erwähnt wird. Die jeweilige Umsetzung psychomotorischer Vorstellungen in der Einrichtung erfordert allerdings ein strukturiertes Durchdenken der gesamten Angebotssituation. Das Qualitätssiegel ist ein Ergebnis durchdachter und kontinuierlicher Weiterentwicklung des Kita-Angebotes.
Solche Reflexionen bedürfen eines Austausches von Konzeptions- und Handlungsideen in einem externen Rahmen, um den notwendigen Abstand zur eigenen Realität herzustellen. Insbesondere ist es hilfreich, genügend Erfahrungen aus anderen Einrichtungen einbeziehen zu können. Eine wesentliche Funktion kommt deshalb dem Diskurs der Fachberatungen mit und in der zu zertifizierenden Einrichtung zu. Eine gute Beratung geschieht vor dem Hintergrund von externen Erfahrungen und festgelegten Standards.

Wie in der Einführung dargestellt, wurde mit der ersten Zertifizierung dem ausdrücklichen Wunsch einer Einrichtung entsprochen. Mit einer Zertifizierung werden unterschiedliche Erwartungen verknüpft, die damit zu tun haben, dass von ihr Treibriemenfunktionen für die Weiterentwicklung ausgehen können und sollen. Dies geht auch aus den Wünschen befragter Kindertagesstätten hervor, die sich für eine Zertifizierung interessieren. Hier einige beispielhafte Interessenslagen:

- Wir haben verschiedene Qualitätsregeln miteinander verglichen und uns für das psychomotorische Zertifikat entschieden, weil es so umfassend ist und alle Bereiche unserer Arbeit erreicht.
- Wir möchten uns mit Fug und Recht „psychomotorischer Kindergarten“ nennen können und dies nach außen sichtbar machen.
- Wir sehen im Gütesiegel „Anerkannte psychomotorische Kindertagesstätte“ ein Alleinstellungsmerkmal in der Region.
- Wir möchten gerne den „Bewegungsdieben“ entgegenwirken und glauben, dass uns die Psychomotorik hier wesentlich weiterbringt.
- Wir hätten gerne Anregungen, wo und wie wir uns weiterentwickeln können.
- Wir möchten den Kindern mehr zutrauen und eigene Ängste abbauen.
- Wir möchten selber weiterkommen und freuen uns auf die Zusatzqualifikation Psychomotorik.
- Wir erwarten, dass im Rahmen der Zertifizierung das ganze Team bei der Fortentwicklung unserer Kita mitgenommen wird.
- Wir brauchen Impulse zur Verbesserung unseres Raumangebotes, vor allem im U3-Bereich.
- Wir möchten wissen, ob unsere Arbeit dem Stand anderer Einrichtungen entspricht.
- Wir wollen die Eltern stärker mit ins Boot holen.

Erwartungen aus den Kindertagesstätten an eine Zertifizierung

ErzieherInnen haben in ihrer Erstausbildung zum Teil wenig über Psychomotorik erfahren und stoßen meist über ihre Fragen aus der Praxis und entsprechende Fortbildungen auf dieses Konzept. Ihre Begeisterung möchten sie auf die ganze Kindertagesstätte übertragen und suchen dafür Hilfe. Die Zertifizierung ist hier gewissermaßen eine Implementationsstrategie.

Viele Kitas suchen nach einer Gestaltung und Ausstattung ihrer Kita, die die pädagogische Arbeit bestmöglich unterstützt. Durch die intensive Bearbeitung der zusammenwirkenden Bereiche Team – Konzeption – Raum im Qualifikationsprozess der psychomotorischen Kindertagesstätte können die Räumlichkeiten durchdacht optimiert werden. Die Erfahrungen zeigen, dass Kindertagesstätten zum Zeitpunkt ihrer Zertifizierung ihre Innen- und Außenräume sehr verändert haben und mit ihnen wesentlich zufriedener sind.

Insofern ist das Siegel „Anerkannte psychomotorische Kindertagesstätte" Anerkennung, Motivation und Instrument zugleich.

Aber Zertifizierungen sind keine Einbahnstraße. Psychomotorik ist vielen bekannt, aber noch lange nicht etabliert als zielführendes Konzept in der Elementarpädagogik. Für viele konkrete Förderbereiche gibt es in der Psychomotorik ein großes Praxis-Know-How. Weniger verbreitet sind Umsetzungsvorstellungen für den Kita-Alltag, die über das direkte Förderangebot hinausgehen. Jede zertifizierte Kindertagesstätte ist ein Multiplikator für Psychomotorik, Gesundheit und Umweltsensibilisierung. Die Zertifizierungsaktivitäten sind deshalb auch durchaus als Entwicklungsmotor für die Psychomotorik zu sehen.

Logo Gütesiegel

4. Psychomotorische Standards

Zentraler Punkt eines Zertifizierungsverfahrens ist die Festlegung von Standards. Im vorliegenden Fall der „Anerkannten psychomotorischen Kindertagesstätte“ sind es Standards insbesondere auf der Grundlage des psychomotorischen Modells. Die Ausgangsfrage lautet: Worum geht es der Psychomotorik im Wesentlichen?

Im Mittelpunkt eines psychomotorischen Ansatzes steht das Kind mit seiner Individualität, seiner Ganzheitlichkeit, seinen Lernvoraussetzungen und Lernwegen. Diese Ziele und Qualitäten lassen sich für Kinder in allererster Linie über Bewegungsaktivitäten erreichen. Bewegung spielt für die ganzheitliche Entwicklung von Kindern eine zentrale Rolle. Weit mehr als das Austoben und die Kompensation von alltäglichem Bewegungsmangel ist es der jeden Lernbereich durchdringende Charakter, der Bewegung zur Querschnittsaufgabe frühkindlicher Bildung macht. Ob Sprachentwicklung, Sozialerfahrung oder die Anbahnung mathematischer Denkprozesse – in all diesen Bereichen wirken Bewegungserfahrungen auslösend, vertiefend und nicht zuletzt motivierend.

Kinder in Bewegung

Denn Kinder wollen sich bewegen! Sie wollen krabbeln, rennen, klettern, springen, schaukeln und sich so ihre Welt erobern. Erwachsene schaffen hierfür Erfahrungsräume und stellen Materialien zur Verfügung, die diesen Bedürfnissen entsprechen.
In Bewegung und im Spiel nehmen die Kinder sich selbst und ihre materiale und soziale Umwelt wahr und gestalten sie mit. Kinder handeln in Bewegung und nutzen dabei all ihre Sinne. Sie begreifen die Dinge mit den Händen und erfassen ganzheitlich. Im bewegten Spiel erhalten sie Raum zum Fühlen und können ihre Gefühle zeigen.
In der Psychomotorik wird die Grundüberzeugung deutlich, dass Psyche und Motorik bei all diesen Tätigkeiten eine Einheit bilden und nicht trennbar sind.

Mit dem für die öffentliche Akzeptanz manchmal etwas sperrig wirkenden Begriff „Psychomotorik" versuchte E. J. Kiphard (1992) die Ganzheit zu beschreiben, die die seelischen, geistigen und körperlichen Prozesse in der Entwicklung des Kindes zu einer komplexen, handlungsfähigen und autarken Persönlichkeit vereint. Diese Ganzheit rückt ins Zentrum seiner Vorstellung von einer „ganzheitlich-humanistischen, entwicklungs- und kindgemäßen Art der Bewegungserziehung, in deren Mittelpunkt die Förderung der gesamten Persönlichkeit steht" (Kiphard 1992, S. 49). Zimmer (2012b) greift die grundlegende Zielrichtung einer Unterstützung und Förderung der handlungsfähigen Persönlichkeit des Kindes in der Psychomotorik auf und präzisiert: „Ziel psychomotorischer Förderung ist es, die Eigenaktivität des Kindes zu fördern, es zum selbständigen Handeln anzuregen, durch Erfahrungen in der Gruppe zu einer Erweiterung seiner Handlungskompetenz und Kommunikationsfähigkeit beizutragen" (S. 22).
Diese Zielsetzung impliziert eine konkrete Perspektive pädagogischer Unterstützung: Eine Spezifizierung von Lernfeldern und deren Inhalten sowie ein breites Spektrum von Angeboten, die dem Kind helfen, mit sich selbst, der materiellen und der sozialen Umwelt umzugehen, indem sie diese Fähigkeiten herausbilden, differenzieren und vertiefen.

Diese miteinander verzahnten und voneinander abhängigen Erfahrungsfelder beschreiben recht anschaulich die Kompetenzbereiche, die es nach psychomotorischer Vorstellung auf dem Weg zu einer handlungsfähigen Persönlichkeit zu entwickeln und zu vereinen gilt.

- Als Ausgangspunkt der Handlung ist die **Ich-Kompetenz** die Basis unseres Seins, aber auch des Sach- und Sozialerfahrung verheißenden Nach-Außen-Tretens. Zunächst aber ist sie körperlich und nach innen gerichtet: sich wahrnehmen, sich erleben, mit sich umgehen, sich seiner selbst bewusst werden, etwas über sich wissen. Ich-Kompetenz fördernd sind die Erfahrungen, die dem Individuum eine Bestimmung und Vergewisserung des Seins erleichtern. Dazu gehört das Wahrnehmen, das Erleben und die zunehmende Bewusstheit und Kontrolle des eigenen Körpers, der Körperlage und deren physischer Veränderung, der Emotionalität und Kognition.

- Die **Sach-Kompetenz** ist eine Anwendungskompetenz, die es erlaubt, das Selbst in die Umwelt einzubringen, mit den wachsenden eigenen Fähigkeiten auch die materiale Umwelt zu bewältigen und zu gestalten. Für den Aufbau von Sachkompetenzen sind Materialerfahrungen notwendig, die Gelegenheit geben, sich mit den räumlichen und dinglichen Gegebenheiten der Umwelt auseinanderzusetzen, sie zu erforschen, mit ihnen zu experimentieren und sie für die eigenen Bedürfnisse verändern zu lernen. Diese Auseinandersetzungen sind zuallererst motorischer Natur, gehen aber über das Greifen im Prozess der geistigen Entwicklung in das Begreifen über und sind schließlich nicht mehr in vollem Maße auf Bewegung angewiesen.

- Die **Sozial-Kompetenz** ergänzt die vorgenannten Kompetenzen, indem sie deren Einbindung in soziale Bezüge erlaubt. Ich- und Sach-Kompetenzen wären recht nutzlos, würden sie nicht vor einem sinnstiftenden sozialen Hintergrund gespiegelt. „Viel wichtiger als der Einsatz bestimmter Geräte ist jedoch die Art und Weise, wie sie Kinder entdecken und mit ihnen umgehen können, in welchem Sinnzusammenhang die Bewegungsangebote für sie stehen, wie sie sich selbst im Umgang mit ihnen erleben“ (Zimmer 1999, S. 23) und wie sie von anderen darin erlebt werden. Das Maß, in dem ich meine Kompetenzen in ein gemeinschaftliches Interesse einbringen kann, ist erheblich von Sozialerfahrungen abhängig, die mir erlauben, mit anderen in meiner Handlung zu kommunizieren, die mir die soziale Akzeptanz meiner Handlungen rückmelden und helfen, den Erfolg der Handlung einzuschätzen. Sozial-Kompetenz ist aber nicht nur reflexiv und auf das eigene Handeln gerichtet, sondern erlaubt insbesondere auch, andere Menschen wahrzunehmen, sich in sie einzufühlen, sie zu verstehen und ihre Perspektive übernehmen zu können.

Das psychomotorische Modell einer handlungsfähigen Persönlichkeit geht davon aus, dass alle drei vorgenannten Kompetenzbereiche für die Entscheidung zu und die Durchführung von Handlungen notwendig und beteiligt sind und sich ergänzen. Diese Kompetenzen werden handelnd, also in aktiver Auseinandersetzung mit der Umwelt wie auch unter ihrem Eindruck gegründet und erweitert. Deshalb stellt das so bestimmte psychomotorische Modell die Grundlage für einen zertifizierungsfähigen psychomotorischen Standard dar.

Neben dem Begriff der Handlungsfähigkeit stellt die Entwicklung der Wahrnehmungsfähigkeit einen zweiten Eckpunkt des psychomotorischen Ansatzes dar.
Dabei ist Wahrnehmung nicht lediglich ein Abbild funktionierender Sinnestätigkeit. „Wahrnehmung ist – bezogen auf den Prozess der kindlichen Entwicklung – von Anfang an eine komplexe, intermodale Leistung des Subjektes (der Person) auf der Basis bedeutungsgebundener Bewegungshandlungen." (Fischer 2009, S. 41) Das Selbstkonzept der handlungsfähigen Person entsteht abhängig von der Fähigkeit und Gelegenheit zur Selbstwahrnehmung. Dabei spielen die Erfahrungen der Selbstwirksamkeit wie auch der Rückmeldung, der Fremdwahrnehmung und Außenposition der SozialpartnerInnen eine erhebliche Rolle.

Bildung ist Selbstbildung. Die Psychomotorik ist fest davon überzeugt, dass jedes Kind seine Entwicklung steuern kann, dass in ihm Potenziale bereitliegen, um die eigenen Themen, Bedürfnisse und Bedarfe zu erkennen und durch Erfahrung zu entwickeln. Gleichwohl sind sich Fachleute unterschiedlicher Disziplinen einig, dass die Notwendigkeit einer psychomotorischen Begleitung und Förderung der Kinder in einer Welt, in der einerseits eine Reizüberflutung (insbesondere visuelle und auditive Reize) und andererseits eine Reizarmut (z.B. vestibuläre und taktil-kinästhetische Reize in der Bewegung) herrschen, immer dringlicher wird. Es bedarf einer verstehenden, wertschätzenden und vielfältige Anregungsfelder eröffnenden Begleitung durch die Erwachsenenumwelt. Die Anregung und Förderung des gesamten Potenzials sinnlicher Wahrnehmung wird zur zentralen Aufgabe der Kindertagesstätte.

Das psychomotorische Modell mit den nachstehend entfalteten methodischen Prinzipien psychomotorischer Angebote sowie eine diese Prinzipien unterstützenden Rolle der pädagogischen Begleitung bilden den Referenzrahmen für das Zertifikat „Anerkannte psychomotorische Kindertagesstätte“. Die im Anhang zusammengestellten Reflexionsbögen zu den vorgestellten psychomotorischen Standards sollen als Hilfestellung zur Frage verstanden werden, wie weit eine Kindertagesstätte bereits psychomotorische Standards erfüllt.

4.1 Didaktisch-methodische Prinzipien psychomotorischer Angebote

Praxisangebote lassen sich als „psychomotorisch“ erkennen, wenn sie den wesentlichen Handlungsprinzipien der Psychomotorik folgen.

Abb. 6: Grafik Was zeichnet ein psychomotorisches Angebot aus? Ein bunter Strauß psychomotorischer Prinzipien.

Ein handlungsleitendes Prinzip ist das der **Freiwilligkeit** (Selbstbestimmung). Die Kinder werden nicht zu bestimmten Bewegungen oder Spielen gezwungen, sie sollen vielmehr aufgrund der persönlichen Relevanz und Attraktivität des Angebotes eine Eigenaktivität entwickeln. **Erlebnisorientierte Bewegungssituationen**, interessante Materialien und Inhalte mit hohem Aufforderungscharakter sollen Freude an der Bewegung wecken. Dies gelingt umso eher, je angemessener das Kind und sein Entwicklungsstand und Entwicklungsthema erreicht werden (**Orientierung am Kind**). Im Kern geht es darum, über die Attraktivität des Bewegungsangebotes die Motivations- und Themenlage des Kindes zu erreichen. Auch wenn Kinder sich zurückziehen und zuschauen, können sie manchmal regen Anteil an einem Spielgeschehen nehmen. Nicht das Erreichen einer abstrakten Bewegungsnorm steht im Mittelpunkt, sondern das Bedürfnis des Kindes in der konkreten Situation.

Durch diesen kindzentrierten Ansatz eröffnet sich die **inklusive** Perspektive des Psychomotorik-Angebotes. Jedes Kind nimmt auf seine Weise, nach seinen Möglichkeiten und Wünschen an den Aktivitäten teil. Die Individualisierung und Subjektivierung des Leistungsbegriffs fördern die persönliche Entwicklung, wehren aber vergleichende und wertende Herangehensweisen ab.
Dass diese Prinzipien erfolgreich sein können, liegt auch darin begründet, dass **ressourcenorientiert** gearbeitet wird. „Von den Stärken ausgehen" meint, dass nicht primär das getan/geübt wird, was das Kind noch nicht kann (Defizitorientierung), sondern der Ansatzpunkt bei den persönlichen Stärken und Bedürfnissen liegt. An vorhandenes Können, an Fähigkeiten und bestehende Interessen wird angeknüpft, um den Einzelnen auf seinem Entwicklungsweg zu begleiten und zu fördern. Nur so kann ein Selbstvertrauen entstehen, das dem Kind oder Erwachsenen ermöglicht, sich auch seinen Schwächen zuzuwenden.

Das Angebot für die Kinder soll **handlungsorientiert** und **vielfältig** sein. Breit angelegte Bewegungsmuster bilden die Grundlage für spezifischere (z.B. an Sportarten orientierte) Bewegungstechniken. Es sind vor allem **ganzheitliche**, unspezifisch verwobene und nicht spezifisch übende Angebote, die das Kind in selbstgesteuerte Handlungszusammenhänge einbinden. Spezifische Kategorien wie z. B. Konzentrationsfähigkeit, Ausdauer, Entspannung, Gleichgewicht, Grob- und Feinmotorik werden im „Nebenbei“ erreicht. Sie liefern allgemeine Orientierungspunkte für ein breites Förder- und Erlebnisangebot.

Psychomotorische Angebote schaffen vielfältige Anlässe für **Kommunikation**. Sprache hat in der Psychomotorik erhebliche Bedeutung. Bedürfnisse sollen nicht nur da sein, sondern auch geäußert werden. Absprachen sollen getroffen, Strategien besprochen werden. Sprachliche Interaktionen gehören wie nonverbale Kommunikation zur Verständigung über das Tun (s. Abb. S. 50).

Lernen bedeutet insbesondere, Neues auszuprobieren und damit Wagnisse und Risiken einzugehen. Eigene Erfahrung im handelnden Umgang mit der Umwelt, vor allem die Entdeckung der Selbstwirksamkeit und ein sich erweiterndes Selbstwertgefühl, sind für die **Risikokompetenz** wichtige Stützen. Psychomotorik versucht gezielt, Risikokompetenzen bei Kindern zu entdecken, zu fördern und auszubauen, um Kinder in ihren Selbstlernprozessen zu unterstützen.

Dafür werden **offene Handlungssituationen** geschaffen, die **prozessorientiert** sind. Die eigene Gestaltung einer Spielsituation ist erwünscht. Sie enthält neben kreativem Veränderungspotenzial auch Rückzugsmöglichkeiten, die individuelle Überforderungen vermeiden helfen. Erst die Offenheit eröffnet den kreativen und erforschenden (explorativen) Umgang mit Situationen, Materialien oder Geräten.

Dem widerspricht nicht, dass es in der Regel sinnvoll ist, Psychomotorik-Angebote zu planen, zu **struktur**ieren und gut vorzubereiten. Sicher lassen sich attraktive Bewegungslandschaften mit den Kindern gemeinsam gestalten. Manchmal aber ist es zielführend, die Bewegungslandschaft als Angebot zu strukturieren und vorzubereiten, damit bestimmte gewünschte Elemente (Höhe, Risikogehalt, Multifunktionalität etc.) enthalten sind. Die aus vielen pädagogischen Bereichen bekannte „vorbereitete Umgebung“ kann eine sinnvolle Orientierungshilfe sein, sie kann besonders vielseitig, effektiv und motivierend sein, wenn die

Wer traut sich, durch die aufgespannte Zeitung zu rennen?

angesprochene Offenheit und Flexibilität im Umgang mit ihr erhalten bleibt. Regeln bieten hilfreiche Spielstrukturen – aber es kommt besonders darauf an, wie und von wem sie festgelegt und beachtet werden, wie veränderbar sie sind und wie viel Freiraum sie lassen. Die Struktur ist kein Selbstzweck, sondern Mittel zum Zweck.

4.2 Die Rolle der psychomotorischen Erzieherin/des psychomotorischen Erziehers

Die genannten methodischen Prinzipien weisen indirekt auf die Haltung und ein Verhalten der „Psychomotorikerin" bzw. des „Psychomotorikers" hin, die dem Kind nicht distanziert gegenüberstehen, sondern sich auf Augenhöhe der Kinder begeben. Er/sie versucht, mit Bewegungsgeschichten zu interessieren, statt durch Bewegungsvorgaben zu dominieren. Mit der Gestaltung der Atmosphäre und der persönlichen Beziehung steht und fällt der gewünschte Dialog. Zu jedem Kind muss eine persönliche Beziehung hergestellt werden als eine Begegnung auf Gegenseitigkeit. Zu den pädagogischen Aufgaben gehört nicht zuletzt, dass ein Kind sich wohlfühlen muss, um sich zu engagieren, und dass es keinesfalls beschämt werden darf.

Erwachsene PädagogInnen haben natürlich einen großen Erfahrungs- und in der Regel auch Wissensvorsprung in Bezug auf die Kinder. Mit diesem Vorsprung behutsam umzugehen, ihn nicht zur Festigung einer Führungsrolle zu nutzen, sondern im Bedarfsfall als Antwortalternativen für Kinderfragen zur Verfügung zu haben, ist wesentlicher Teil einer psychomotorischen Definition der Erzieherrolle. Nicht-direktives Verhalten zeichnet die psychomotorische Pädagogin aus. Dominanzen, auch gut gemeinte, stellen eine ständige Bedrohung oben genannter Prinzipien der Psychomotorik dar. Der von Kindern nicht selten erfragten Bewertung ihrer Leistungen darf von der Erzieherin in Form einer subjektiven Einschätzung („Ich finde, dass ...") entsprochen werden. Absolute Urteile sind dem Aufbau einer intrinsischen Motivation nicht dienlich.
Dominanzen haben verschiedene Ausprägungen, wirken allerdings immer kontraproduktiv auf die wesentlichen Erziehungsziele wie Selbstbestimmung in den Lernprozessen, die Anerkennung von Selbstbildungspotenzialen oder die Ermächtigung zur Partizipation. Die

Ausstrahlung von Dominanz ist Erzieherinnen und Erziehern oft nicht bewusst und damit schwerer zugänglich für Reflexion und Veränderung. Dies gilt auch für andere, der eigenen Biografie entspringende Momente, wie der der Ängstlichkeit oder dem Verantwortungsgefühl bis hin zur Allzuständigkeit, die in die „heimlichen Lehrpläne" eingehen. In Untersuchungen (z. B. der Bonner Risikostudie, vgl. Vetter u.a. 2004) zeigte sich deutlich der Zusammenhang zwischen einer Risikotoleranz der zuständigen Erwachsenenwelt und der Höhe der verfügbaren Risikokompetenz bei den entsprechenden Kindern. Je ängstlicher die Erwachsenen etwa mit einer Bewegungssituation umgehen, desto weniger zuversichtlich gehen die Kinder an diese Situation heran. Eine wesentliche Qualität der pädagogischen Begleitung liegt in einem reflektierten und angemessenen Verhältnis von Verantwortungsgefühl und „Laissez-faire".

Aufgaben einer pädagogischen Begleitung liegen nicht nur im unmittelbaren Kontakt zum Kind. Die Erzieherin sollte aufmerksam und wach die einzelnen Handlungsmomente beobachten, sie sowohl in die Le-

Spielsituation Erwachsene – Kinder

bensbiografie des Kindes einordnen als auch an pädagogischen Leitlinien messen können. Die Dokumentation der Beobachtungen muss mehr sein, als Anwendung eines Instrumentes oder reine Methodik. Es enthält das Moment der Handlung oder der Befindlichkeit für die biografische Einordnung. Dokumentation als systematisches Erfassen und Einschätzung der Entwicklungsprozesse der Kinder erleichtert die regelmäßige Reflexion und Weiterentwicklung des pädagogischen Angebotes.

Ein Verständnis für die kindlichen Bedürfnisse ist ebenso notwendig wie ein aufmerksames Verfolgen der Handlungen und eine situative Flexibilität, sobald Kinder eine anders geplante Spielsituation verändern wollen. Dies darf kein ständiges Hin und Her sein oder eine Legitimation von Regelverstößen, sondern ist ein Prozess der Regulierung der einzelnen Interessen in der Situation. Wesentlich ist dabei, dass Handlung und Gefühlslage der Kinder als gleichberechtigte Momente in die Veränderung der Situation einbezogen werden.

Konstanz, Konsequenz und Berechenbarkeit sind Voraussetzungen dafür, zu einem Vermittler von Orientierung und Halt zu werden. Nicht zuletzt ist es die Vorbildfunktion, die einen guten Teil der erzieherischen Verantwortung ausmacht. Die passiv daneben (z.B. neben dem Sandkasten) sitzende Erzieherin motiviert nicht zu aktivem Verhalten. Nur wenn du brennst, kannst du auch entzünden, sagt sinngemäß ein altes Sprichwort. Der Persönlichkeit und Kompetenz der Erzieherin wird deshalb für die Gestaltung eines psychomotorischen Angebotes eine grundlegende Bedeutung beigemessen.

4.3 Die psychomotorische Umgebung – Räume, Material, Geräte

Neben einem psychomotorischen Konzept, den daran interessierten und dazu qualifizierten PädagogInnen, sind es auch materielle Voraussetzungen, die in der Kindertagesstätte zur Verfügung stehenden Räume wie auch das verfügbare Material, die maßgeblichen Einfluss auf die Qualität des Angebotes nehmen. Während auf die Räume und deren Gestaltung später eingegangen wird (Kap. 5.2.2) kommt hier zunächst die Ausstattung an Materialien und Geräten in den Blick.

Eine Kindertagesstätte sollte sich das Qualitätsmerkmal „in Bewegung" insbesondere dadurch verdienen, dass sie Kindern vielfältige und umfangreiche Bewegungserfahrungen vermittelt. Hierzu ist neben der verfügbaren Fläche an sich sowie der Raumdisposition (Welcher Raum eignet sich wofür?) ein attraktiver Bestand an Bewegungsgeräten Voraussetzung, die möglichst nicht nur in der Turnhalle präsent sind, sondern in alle Lernräume integriert werden können. Insbesondere für Bewegungsgrundinformationen wie Beschleunigung, Rotation und Schwingung sollten ausreichend Gerätschaften vorhanden sein. Insgesamt gilt auch für diese Geräte: Vielfalt vor Häufigkeit und Variabilität vor Spezialisierung.

Welches Gerät sich im Einzelnen eignet, hängt natürlich vom jeweiligen Raum ab. Eine Sprossenwand braucht einen gewissen Fallraum, die Hängematte einen geeigneten Schwingbereich, die Rollbrettbahn ei-

Varussell

nen entsprechenden Auslauf. Eine besonders auch auf kleinem Raum sehr vielseitige und intensive Bewegungsmöglichkeit im Bereich von Drehungen sowie Körperwahrnehmung und -koordination eröffnet das Varussell (Thomas 1994).

Die als „psychomotorische Übungsgeräte“ bekannt gewordenen Nebenprodukte der psychomotorischen Praxisentwicklung rühren daher, dass für unterschiedliche, manchmal auch spezifische Schwerpunktsetzungen auch neue Geräte entwickelt werden mussten. Diese besitzen zum Teil ähnliche Eigenschaften wie Sportgeräte, bieten aber durch andere Beschaffenheit für einen größeren Anteil der Kinder und vielfältigere Einsatzfelder motivierende Bewegungseinladungen. Als Beispiel seien hier Soft-Frisbees genannt, die einerseits gut fliegen, wenn sie beim Abwurf wie „gewöhnliche“ Frisbees in Rotation versetzt werden, auf der anderen Seite aber leicht und weich sind. Kinder, die unaufmerksam sind oder deren Reaktionsfähigkeit nicht ausreicht, werden möglicherweise getroffen, dadurch aber nicht erschreckt, geängstigt oder gar verletzt. Misserfolge beim Werfen und Fangen werden nicht bestraft und das Spiel geht weiter. Schaumfrisbees sind bunt, was nicht nur ihren Aufforderungscharakter unterstützt, sondern auch zusätzliche Einsatzbereiche schafft, z. B. als Markierungen, Ampeln etc. Psychomotorische Übungsgeräte sollen nicht nur eine oder zwei Möglichkeiten zulassen, sondern vielfältige und abwechslungsreiche Spiel- und Übungsmöglichkeiten in möglichst breiten Erfahrungsbereichen bieten.
Solche Eigenschaften begünstigen auch Spiele, die Risiken beinhalten ohne zu verletzen. Wenn etwa beim Spiel „Wilhelm Tell“ versucht wird, einem mitspielenden Kind das auf dem Kopf balancierte Frisbee mit anderen Frisbees herunterzuwerfen, könnte dies niemand ernsthaft mit einem Hartplastikgerät vorschlagen.

So, wie in diesem Beispiel aufgeführt, entstanden im Laufe der immer differenzierten Psychomotorik-Praxis Geräte, die die neuen Qualitäten der Angebote besser umsetzen halfen. Heulrohre, Baumwoll- und Chiffontücher, Schaumstoffbälle und Schwungtücher sind hierfür gute Beispiele.

Hier wird das „Heulrohr“ zum Flüsterrohr ...

Gerätekonstruktionen, auch aufwändigere wie Rollbretter, Rollbrettbahnen oder das Varussell, wurden immer vor dem Hintergrund prioritärer Bewegungsaufgaben entwickelt, wenn die einschlägig bekannte Geräteausstattung hierfür keine oder weniger geeignete Lösungen bot. So wurden bei den genannten Geräten zusätzliche und intensivere Erfahrungen in den Bereichen von Beschleunigung und Rotation erzielt.

Nicht nur solche Psychomotorik-Geräte sind kennzeichnend für eine psychomotorische Praxis, sondern gerade auch der kreative und vielfältige Einsatz von Alltagsmaterial, das zum Teil als Abfallprodukt z. B. als Lebensmittelverpackung anfällt und ansonsten entsorgt würde. So werden aus Yoghurtbechern Wände gebaut, Zeitungen dienen als Verkleidung („Modenschau“) oder Zaubermaterial („Palme“) und Kronkorken werden zum Bau von Rasseln verwendet. Neben dem sogenannten „wertfreien“ Material werden von den Kindern bekannte Dinge des Haushaltes auf ungewöhnliche Weise genutzt. Zollstöcke, Wäsche-

Geschwindigkeit auf der Rollbrettbahn

klammern oder Spülschwämme finden ungewöhnliche und vielfältige Verwendung.

Vertiefende Literatur zur Psychomotorik:

- Beins, H. J. / Cox, S. (2011): Die spielen ja nur. Psychomotorik in der Kindergartenpaxis. Dortmund: borgmann publishing
- Beudels, W. / Lensing-Conrady, R. / Beins, H. J. (2019): ... das ist für mich ein Kinderspiel. Handbuch zur psychomotorischen Praxis. Überarbeitete Neuauflage, Dortmund: verlag modernes lernen
- Jost, M. / Beins, H. J (2015): Bewegung und Spiel für die Kleinsten. Psychomotorik für Kinder von 1 – 4 Jahren. Dortmund: *BORGMANN MEDIA*
- Zimmer, R. (2019): Handbuch der Psychomotorik. Theorie und Praxis der psychomotorischen Förderung von Kindern. Überarbeitete Neuauflage, Freiburg: Herder

- Köckenberger, H. (2010): Rollbrett, Pedalo und Co – Bewegungsspiele mit Material aus Psychomotorik, Sport und Freizeit.: Dortmund: *BORGMANN MEDIA*
- Passolt, M.; Pinter-Theiss, V. (2013): „Ich hab eine Idee ...“ – Psychomotorische Praxis planen, gestalten, reflektieren. Dortmund: verlag modernes lernen

Bewegungsspaß mit Wirkung!

5. Zum Konzept des Zertifikates „Anerkannte psychomotorische Kindertagesstätte“

Mit der Zertifizierung sollen Einrichtungen in ihrem Bestreben unterstützt werden, die Bedingungen zur psychomotorischen Förderung und Begleitung der Kinder kontinuierlich zu verbessern. Die anerkannten Kindertagesstätten verstehen die Psychomotorik als wesentlichen Bereich der Förderarbeit für Kinder, was durch das Zertifikat bestätigt und damit nach innen und außen sichtbar wird.

5.1 Erwartungsprofile: Anforderungen an eine psychomotorische Kindertagesstätte

Die Anforderungen, die dem Zertifikat „anerkannte psychomotorische Kindertagesstätte“ zugrunde liegen, beziehen sich als Qualitätsstandards hauptsächlich auf vier pädagogisch wirksame Ebenen:

I. Personal
Das Personal der Kindertageseinrichtung setzt sich in intensiver Form (zum Beispiel Zusatzqualifikation Psychomotorik oder Motopädie-Ausbildung der einzelnen MitarbeiterInnen, Teamfortbildungen zur Umsetzung in der Einrichtung) mit dem Konzept der Psychomotorik auseinander und ist in der Lage, die Kinder auf dieser Grundlage ganzheitlich in ihrer Persönlichkeitsentwicklung zu fördern.

II. Räumlichkeit
Die Räumlichkeiten der Kindertagesstätte sollen im Innen- und Außenbereich geeignet sein, psychomotorische Aktivitäten – darunter insbesondere den Bewegungsbereich – zu unterstützen.

III. Konzeption
In der Konzeption der Einrichtung wird die Psychomotorik als tragender Teil und Querschnittsqualität der pädagogischen Intentionen und Maßnahmen deutlich.

IV. Organisation und Kommunikation
Die Einrichtung, von der Trägerunterstützung über die Leitung und die Kooperation im Team bis hin zum Tagesablauf, findet und lebt eine gemeinsame, die pädagogische Arbeit sinnvoll unterstützende Organisationsstruktur.
Die hohe Kommunikationsqualität unter Einbeziehung aller Mitwirkenden nimmt positiven Einfluss auf die Umsetzung des psychomotorischen Konzeptes.

Die Anforderungen, die im Rahmen der Zertifizierung an eine psychomotorische Kindertagesstätte gestellt werden, sind auf den ersten Blick sehr anspruchsvoll. Im Grunde werden aber nur die Faktoren beleuchtet, die die pädagogische Alltagsarbeit unterstützen und erleichtern.

I. Anforderungen im Bereich des Personals

Das Personal ist zum einen die wichtigste Ressource der Kindertagesstätte, zum anderen aktuell ein großes Problem, denn es gibt deutlich zu wenig insbesondere gut ausgebildete Erzieher und Erzieherinnen. Oft ist auch die Fluktuation hoch, sodass die Stellenbesetzung, oder zumindest die Erhaltung eines hohen und qualifizierten Informationsstandes zu einer Daueraufgabe wird. Bei der Suche nach „guten" MitarbeiterInnen spielt die Attraktivität der Einrichtung eine nicht unerhebliche Rolle. Auch hier hilft das positive Bild der Psychomotorik.

- Alle MitarbeiterInnen im Team sollen die Psychomotorik kennen und als methodisch-didaktischen Bestandteil ihres Handelns wertschätzen und umsetzen.

- Die MitarbeiterInnen sollen in der Lage sein, im Sinne der Psychomotorik zu arbeiten und ihre Angebote psychomotorisch zu planen, durchzuführen und zu reflektieren. Der Reflexions- und Evaluationsbogen zur Personalqualifikation (siehe Anhang) dient als Einordnungshilfe für die psychomotorische Ausrichtung des Kitaangebotes. Vor diesem Hintergrund soll zum Zeitpunkt der Zertifizierung mindestens die Hälfte des Teams eine psychomotorische Zusatzqualifikation[1] absolviert haben. In den ersten drei Jahren nach der Zertifizierung wäre dann die entsprechende Qualifizierung der restlichen MitarbeiterInnen anzustreben bzw. nachzuweisen. Für Neueinstellungen sollte die Bereitschaft zur psychomotorischen Qualifikation als Einstellungskriterium festgeschrieben werden.

- Langfristig wird erwartet, dass jede Mitarbeiterin und jeder Mitarbeiter der Kindertagesstätte mindestens einen Fortbildungstag (8 Std.) pro Jahr absolviert.

- Zur kontinuierlichen Verbesserung des Wissensstandes und Know-Hows der MitarbeiterInnen richtet die Kindertagesstätte einen Handapparat mit Fachliteratur und einschlägigen Medien ein.

- Das Team nutzt einen pädagogischen Tag pro Jahr zur Standortbestimmung.

1 Anerkannt werden i. d. R. 200-stündige psychomotorische Zusatzqualifikationen. Die insbesondere auf die Arbeit mit Krippenkindern unter 3 Jahren bezogenen 80-stündigen Ausbildungen werden ggfs. im Schlüssel 1:2 anerkannt, wenn die Einrichtung im Schwerpunkt Kleinkinder betreut.

Bewegungspraxis im Team

- Die Teamsitzungen sollen psychomotorisch organisiert sein. Inhalte werden dann ebenso praktisch wie theoretisch und motivierend eingebunden. Das Team wird, wann immer möglich, in seiner Gesamtheit mitgenommen.

- Die Einrichtung erfasst fortlaufend die Qualifikationsprofile und Fortbildungsaktivitäten der MitarbeiterInnen. Auch deren evtl. wechselnde Handlungsschwerpunkte und Aufgabenbereiche sollen aus den Aufzeichnungen hervorgehen.

II. Anforderungen im Bereich der Räumlichkeiten

Die Räume der Kindertagesstätte bilden einen Rahmen, der für die Umsetzung des Erziehungsauftrages eine wesentliche Bedingung darstellt. Da die Bildungspläne für alle Einrichtungen gleich sind, muss es doch auch für alle den idealen „einen" Raum geben? So ist es natürlich nicht, im Gegenteil: jedes Kindertagesstätten-Gebäude ist verschieden, jeder Geländegrundriss unterscheidet sich vom anderen. Entsprechend wichtig ist, was daraus gemacht wird. Die Räume bieten eine Voraussetzung für die Arbeit der Kindertagesstätte, gleichzeitig sind sie ein Abbild dieser Arbeit, ihre „Visitenkarte".

- Die Räumlichkeiten der Kita bzw. die insgesamt zur Umsetzung der pädagogischen Arbeit genutzten Räume sollten in hohem Maß Bewegung, Wahrnehmung, Kreativität und Selbsttätigkeit zulassen und darüber hinaus vielfältig fördern.

- Dies gilt sowohl für die Innenräume als auch für das Außengelände. Das Außengelände soll so naturnah wie möglich gestaltet werden und allen Bildungsbereichen, insbesondere der Bewegung, dienlich sein.

- Die Kindertagesstätte wird als Lebensraum verstanden, in dem sich alle Beteiligten wohlfühlen. Als angenehm empfun-

Der Raum unterstützt die Kita-Arbeit: Das Lesesofa in der Kita Nümbrecht

dene Räumlichkeiten unterstützen das soziale Miteinander und begünstigen eine lernfördernde Atmosphäre.

- Das Zusammenwirken der Themenbereiche Bewegung, Bildung und Wohlfühlen soll die Eckpunkte der Raumgestaltung bilden. Gefragt sind sinnvolle Räume, die den Sinnen buchstäblich Raum geben. Unzureichend vorhandene Räume sollen erweitert, verändert und ggfs. durch externe Angebote ergänzt werden. So könnten zu kleine Außengelände durch externe Gartenprojekte, Waldtage und anderes kompensiert werden.

- Leitung und Team in Verbindung mit Eltern, Kindern und Träger reflektieren die jeweilige räumliche Situation und erarbeiten möglichst gemeinsam Entwicklungsperspektiven.

III. Anforderungen im Bereich der Konzeption

Die Konzeption beschreibt die Ziele, Inhalte und Struktur der Kindertagesstätten-Arbeit. Sie informiert öffentlich sichtbar, wie die Kindertagesstätte arbeitet. Insofern ist sie außengerichtet und schafft Transparenz. Gleichzeitig schreibt sie aber auch die Inhalte fest (jedenfalls für einen bestimmten Zeitraum), sodass alle MitarbeiterInnen damit einen Rahmen finden, in dem Sie arbeiten können. Gerade im Zusammenhang von Mitarbeiterfluktuationen ist dies von großer Bedeutung für eine gleichbleibende Qualität (s. Abb. S. 67).

- Psychomotorik soll die Konzeption in Geist und Inhalt durchdringen, nicht lediglich additiv als Kapitel erscheinen. Psychomotorik wird als Querschnittsqualität verstanden.

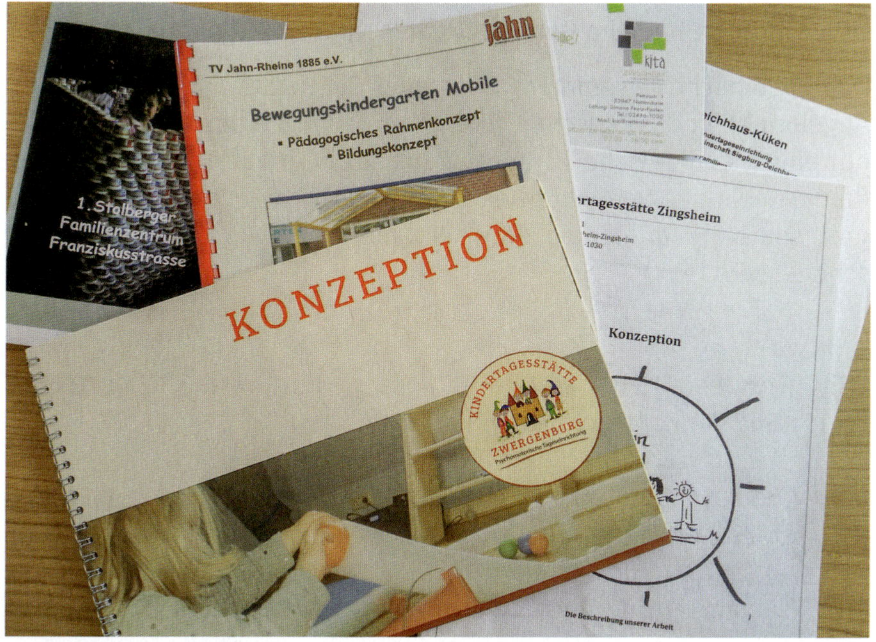

Konzeptionen sind individuell

- Die Konzeption soll allen MitarbeiterInnen der Kindertagesstätte bekannt und vertraut sein. Sie soll als handlungsleitend verstanden und akzeptiert werden.
- Die Konzeption ist eine Grundlage der Zusammenarbeit von Leitung, Team, Eltern und Träger. Sie muss deshalb allen Beteiligten zugänglich gemacht werden. Eltern sollten, der Träger wird sicherlich Einfluss auf die Inhalte der Konzeption nehmen können.
- Mindestens einmal im Jahr ist die Konzeption Gegenstand einer Teamkonferenz und wird entsprechend überprüft und weiterentwickelt.

5

IV. Anforderungen im Bereich Organisation und Kommunikation

Das gedeihliche Zusammenwirken aller Beteiligten ist ein Dreh- und Angelpunkt für das Erreichen der Zielvorstellungen der Kita. Es ist nicht nur eine pädagogische Voraussetzung sondern auch eine Bedingung für die Gesundheit der Mitarbeiter und Mitarbeiterinnen. Entsprechend groß sollte die Aufmerksamkeit sein, die diesem Zusammenhang geschenkt wird.

- Die Gestaltung des Kita-Alltages gewährleistet die Umsetzung der konzeptionellen Vorhaben.
- Die psychomotorische Konzeption sollte vom Träger mitgestaltet und unterstützt werden.
- Träger, Leitung und Team arbeiten partizipatorisch zusammen, um die Einrichtung im Sinne des psychomotorischen Grundgedankens weiterzuentwickeln.
- Träger und Team transportieren die psychomotorische Initiative und Konzeption nach innen und außen.

Träger und Team der AWO-Kita Johanna Kirchner vertreten gemeinsam das Psychomotorik-Konzept

- Gegenüber den Eltern wird das Konzept verständlich und engagiert vertreten. Gleichzeitig sollte Anregungen und Unterstützungsangeboten von Eltern offen begegnet und bestmöglich eingebunden werden.

- Eltern werden regelmäßig in die Kita-Planung einbezogen. Mit praxisorientierten Elternabenden u. a. versuchen Team und Träger, Eltern zu informieren und für Fragen der Förderung ihrer Kinder zu interessieren.

- Gegenüber der (lokalen) Öffentlichkeit wird das psychomotorisch motivierte Konzept in geeigneter Weise kommuniziert (z. B. Tag der offenen Tür, Spielfeste, Pressearbeit).

Protokoll des Entwicklungsstandes – Prozessevaluation

In jedem Anforderungsbereich sollen regelmäßig der Ist-Stand sowie die ins Auge gefassten Entwicklungsschritte schriftlich erfasst werden. Auch hierzu können die Reflexions- und Evaluationsbögen aus dem Anhang Verwendung finden. Das hilft, Entwicklungsvorhaben nicht aus dem Auge zu verlieren – in der Fülle des Alltages geschieht das allzu schnell.
Zudem ist eine solche Standortbestimmung für eine externe Beratung wie auch für das abschließende Audit unerlässlich.

5.2 Rahmenüberlegungen zu den vier Anforderungsbereichen

Die genannten Anforderungsbereiche klingen zunächst recht einfach und klar, sind aber in der Kitarealität vielfältig miteinander verwoben, komplexer und vielschichtiger. Um hier eine erste Orientierung aus psychomotorischer Sicht zu geben, werden die Bereiche nachfolgend

eingehender in den Blick genommen. Selbstverständlich werden diese Themen im vorliegenden Rahmen dieses Leitfadens nicht erschöpfend behandelt. Für eine weitere Vertiefung sind jedem Bereich einige weiterführende Literaturhinweise angefügt.
Die folgenden Ausführungen können helfen, die Selbsteinschätzung der jeweiligen Kindertagesstätte im Hinblick auf eine Zertifizierung zu fundieren. Diesem Zweck dienen unter anderem auch die angefügten Reflexions- und Evaluationsbögen. Die aufgezeigten Perspektiven liegen auch einer weitergehenden Beratung und Prozessbegleitung zugrunde.

5.2.1 Teambuilding und Personalmanagement

Das pädagogische Team ist sicher das Herzstück jeder Kindertagesstätte – wenn es ein Team ist. Ein Team entsteht nicht durch Zusammenkunft, sondern durch intensives Zusammenwirken. Fachkompetenzen im gesamten Handlungsfeld Kindertagesstätte sind der Ausgangspunkt für erfolgreiche Zusammenarbeit. Was kann jede(r) Einzelne in die Arbeit einbringen? Teamqualität ist aber sicher nicht nur abhängig von Fachkompetenz, sondern insbesondere auch davon, in welcher Form und mit welcher Umsicht und Intention diese eingebracht werden. Voraussetzungen für die Entstehung eines Teamgedankens sind gemeinsame Ziele, Arbeitsprozesse und Verantwortungsteilung. Hier einige Eckpunkte für die erfolgreiche Arbeit im Team:

- Fachkompetenz
  Die in Frage kommenden Berufsausbildungen der MitarbeiterInnen einer Kindertagesstätte sind in allen Bundesländern auch im Hinblick auf die Funktion innerhalb der Kita (Leitung, Gruppenleitung, Ergänzungskräfte ...) gesetzlich geregelt und bilden die Grundlage der pädagogischen Arbeit. Diese Grundlage muss allerdings im Laufe der pädagogischen Arbeit auch im Hinblick auf veränderte Rahmenbedingungen, spezifische Aufgabenstellungen und Handlungsschwerpunkte ständig aufgefrischt, erweitert und ergänzt werden. Jede Kindertagesstätte bewirtschaftet deshalb einen Fortbildungsetat und setzt auf die Fortbildungsbereitschaft der Mitarbei-

terInnen. So auch, wenn die Zielstellung einer psychomotorischen Kindertagesstätte verfolgt wird. Alle MitarbeiterInnen im Team sollten die Psychomotorik kennen, erlebt haben und als methodisch-didaktischen Bestandteil ihres Handelns wertschätzen und umsetzen. Sie sollten in der Lage sein, im Sinne der Psychomotorik zu arbeiten und ihre Angebote psychomotorisch zu planen, durchzuführen und zu reflektieren. Sie sollen die Rolle des/der psychomotorischen ErzieherIn (s. o.) einnehmen und für sich interpretieren. Diesem Ziel dienen die psychomotorische Zusatzqualifikation als Grundlage sowie ggfs. zielgruppenspezifische Weiterqualifikationen (z. B. für den U3-Bereich). Langfristig wird darüber hinaus erwartet, dass jede Mitarbeiterin und jeder Mitarbeiter der Kindertagesstätte mindestens einen Fortbildungstag pro Jahr absolviert, um den Wissensstand und das Know-How frisch und aktuell zu halten.

Praxisnahe Teamfortbildung

Dieser Kompetenzgewinn sollte in der Kindertagesstätte durch einen Handapparat mit Fachliteratur und einschlägigen Medien unterstützt werden.
Für die Standortbestimmung und Weiterentwicklung der Umsetzung im Alltag nutzen viele Teams einen oder mehrere pädagogische Tag(e) pro Jahr.

5

Die Teamsitzungen sollten psychomotorisch organisiert sein. Inhalte werden dann ebenso praktisch wie theoretisch und motivierend eingebunden. In dieser lebendigen Auseinandersetzung wird der persönliche Austausch von Unterschieden und Gemeinsamkeiten der Angebotsentwicklung angeregt und zur Weiterentwicklung einer gemeinsamen Sicht- und Handlungsbasis genutzt. Das Team wird, wann immer möglich, in seiner Gesamtheit mitgenommen. Ziel ist es, eine breite Basis für gemeinsame Kenntnisse zu schaffen.

- Engagement und Mut
  Für das Team einer Kindertagesstätte sollten die Zielstellungen und Handlungsspielräume klar sein. Das Team muss alles in seiner Macht Stehende tun, um die entwicklungsförderlichen Bedingungen für die Kinder zu schaffen, zu erhalten und/oder zu erweitern. Aber wie weit geht die Macht, positive Bedingungen zu schaffen? Das Gefühl, genügend Spielraum zu haben und nicht ohnmächtig vorgegebene Auflagen zu erfüllen, ist grundlegend für einen Teamgedanken. Wenn wir bei der Förderung von Kindern von Selbstwirksamkeitserfahrungen sprechen, die das Tor zum Selbstbewusstsein aufstoßen, gilt dies prinzipiell auch für PädagogInnen.
  Um neue Wege zu gehen, sich von Gewohntem zu lösen und andere, z. B. Eltern von diesen Wegen zu überzeugen, braucht es Mut und Kraft. Das Wissen, hierbei vom Team unterstützt zu werden, ist dabei notwendig und hilfreich.

- Verantwortlichkeit
  Jedes Mitglied des Teams darf sich verantwortlich fühlen, das Profil und die Angebotsschwerpunkte der Kindertagesstätte mitzugestalten. Es ist ein positives Signal für alle Beteiligten, wenn jede(r)

KollegIn bei Arbeitsvorhaben, Projektvorbereitungen oder Reflexionsgesprächen eigene verantwortliche Bereiche übernimmt und darin vom Team unterstützt wird. Das Einbringen der individuellen Stärken schafft auch die Freiheit für den notwendigen Blick auf die Handlungskompetenzen, die es noch zu erreichen oder auszubauen gilt. Aus diesem Verantwortungsgefühl erwächst die Motivation, die eigenen Potenziale auszubauen, sich weiterzubilden, Kritik und Lob anzunehmen.

- Wir-Gefühl
  Teamqualität zeigt sich auch darin, dass eine Identifikation mit der Arbeit, den Inhalten und Handlungsebenen stattfindet, die der Kindertagesstätte das eigene, unverwechselbare Profil gibt. Teamarbeit braucht die persönliche Kompetenz, eigene Befindlichkeiten, persönliche Vorlieben und individuelle Interessen. Aufgabe aller ist es aber auch, diese mit der für die Kindertagesstätte erforderlichen Gesamtperspektive abzuwägen und gegebenenfalls zurückzustellen. Ein gelungenes Personalmanagement zeichnet sich unter anderem dadurch aus, dass viele Aufgaben übernommen und wenige zugewiesen werden. Auch Vertretungen und gegenseitige Aufgabenübernahme sind abgesprochen und übernommen deutlich besser, als angewiesen.
  Teamarbeit ist nicht zuletzt auf soziale und kommunikative Kompetenzen angewiesen. Das Arbeitsklima wird maßgeblich dadurch geprägt, dass die Teammitglieder einen kollegialen Umgang pflegen, einander auch in ihren Befindlichkeiten und Vorlieben kennen, akzeptieren und wertschätzen. Konflikte müssen offen angesprochen, diskutiert und auf möglichst sachlicher Ebene geklärt werden.

Die Entwicklung vom Kollegium zum Team ist ein arbeitsintensiver, aber lohnender Prozess, um eine positive, kreative und produktive Einstellung der Mitarbeitenden zum Motor eines lebendigen und dynamischen Miteinanders im Lebensort Kindertagesstätte zu machen.

Vertiefende Literatur:

- Krenz, A. (2001): Teamarbeit und Teamentwicklung. Grundlagen und praxisnahe Lösungen für eine effiziente Zusammenarbeit. Wehrheim: Verlag gruppenpädagogische Literatur.
- Textor, M.; Bostelmann, A. (fortlaufend): Das Kita Handbuch. Online-Handbuch und Internet-Plattform zur Sammlung von Fachpublikationen zum Kita-Management

5.2.2 Psychomotorische Raumgestaltung in der Kita

Das Raumangebot der Kita soll einen Ort für möglichst vielfältige Erfahrungen von Wahrnehmung und Bewegung eröffnen, einen Ort für die Initiierung und Unterstützung von Lernprozessen darstellen sowie als Lebensort für Kinder (und ErzieherInnen) in einer wesentlichen und umfangreichen Zeitspanne ihres Lebens dem Wohlgefühl einer Wohnung entsprechen. Zumindest die letztere Aufgabenstellung wurde nicht immer so im kausalen Zusammenhang mit Lernen gesehen, wie wir es heute tun.
Im Hinblick auf die neuen Fragestellungen und die große Bandbreite von Erwartungen bedarf es neuer Impulse. Sie kommen auch aus dem Bereich der Psychomotorik, denn seit die Psychomotorik ab den 80er Jahren mehr und mehr die Praxis der Bewegungsförderung von Kindern in Kindertagesstätten beeinflusste, wurde auch die Frage dringlicher, wie geeignete Räumlichkeiten für eine solche ganzheitliche Förderung aussehen sollten.
Hinzu kamen Probleme, die durch die Veränderung der gesellschaftlichen Lebensbedingungen aufgeworfen wurden: Wie soll den Veränderungen der Kindheit begegnet werden, die in einer Mischung aus Überfluss (Wissen, akustische und visuelle Wahrnehmungen, Zukunftsorientierung ...) und Defizit (rückläufige Bewegungserfahrungen, Kommunikation, Bindung ...) vielfältige Fragen aufwerfen? Diese Fragen betreffen immer auch den „3. Erzieher", den pädagogisch genutzten Raum.
Nicht zuletzt bewirken gesellschaftliche Prozesse, wie die Verjüngung der Zielgruppen oder die Forderung nach inklusiver Ausrichtung aller

pädagogischen Einrichtungen, einen hohen Veränderungsbedarf. Hier kann die Psychomotorik ihre Erfahrungen in der Umsetzung einer Entwicklungsbegleitung von Kindern einbringen. Aus ihrer Sicht geht es für das Raumangebot der Kindertagesstätte, sowohl für den Innen- als auch für den Außenbereich, um einen Dreiklang aus Bewegung, Lernen und Wohlfühlen.

5.2.2.1 Innenräume – Den Sinnen Raum geben

Innenräume sind nicht nur da, um vor Wind und Wetter zu schützen. Sie haben die Aufgabe, die entwicklungsdynamischen und pädagogischen Aktivitäten sinnvoll zu unterstützen. Aus dieser knappen Aufgabenbeschreibung erwächst schon großer Diskussionsbedarf in Bezug auf die Realität vorhandener Kita-Räume.

- Wird der flache, gleichbleibend mit einem Belag versehene Estrichboden der Tatsache gerecht, dass ein Kind auf der Suche nach seinem Gleichgewicht immer neue Anforderungen braucht? Muss dazu der Fußboden nicht eher uneben sein, wie etwa die Wiese draußen? Man könnte dies beispielsweise durch ein entsprechend uneben verlegtes Bodenmosaik erreichen ...
- Wie weit sollen die Schutzfunktionen der Räume gehen? Übergeht der rechtlich geforderte „sicherheitsgerechte Bau und Ausstattung“ (Unfallkassen der Länder) im Zusammenspiel mit Prüfsiegeln (GS), Hygieneerlassen, Feuerschutzbestimmungen u. v. a. m. nicht den Explorations- und Selbstlernbedarf der Kinder? Kann die für alle Lernprozesse so wesentliche (wohlverstandene) Risikobereitschaft in allzu sicherer Umgebung entstehen?
- Wenn die Kindertagesstätte ein „Lebensort“ ist, an dem Kinder den Großteil ihrer Wachphasen erleben, muss das Erfahrungsangebot so umfänglich wie möglich sein. Können wir dann, und wenn, um welchen Preis, einzelne Lebensbereiche so „outsourcen“, dass die mit ihnen verbundenen Wahrnehmungen kaum noch vorkommen? Ein klassisches Beispiel dafür ist die Küche (und damit alles rund ums Kochen: die Kenntnis und Zubereitung von Lebensmitteln, die

Erfahrung der Mühe des Anbaus, der Auswahl und des Einkaufs ...), die aus vor allem ökonomischen Gründen aus vielen Kindertagesstätten verschwunden ist.

5

Realität ist immer auch ein Kompromiss zwischen Bedürfnissen und Möglichkeiten. Wir sollten nur immer wissen, welche Einschränkungen an Erfahrungsräumen wir machen und wie sich dies auswirkt, ob es Alternativen gibt und wie diese aussehen. Wo sind die Grenzlinien, unterhalb derer nicht mehr von „sinnvoll" gesprochen werden kann.

5.2.2.1.1 *Die Kita als Bewegungsort*

Die Entscheidung, ob über spezifische Funktionsräume nachgedacht wird oder aber multifunktionale Gruppenräume eingerichtet werden sollen, hängt von der Konzeption der Einrichtung ab. Wesentlich ist, dass möglichst alle für die kindliche Entwicklung bedeutsamen Berei-

Sogar das Treppenhaus kann Bewegungsraum sein!

che zum Angebot kommen. Ein spezifischer Raum als „Turnhalle" ist ein wohl wünschenswertes, aber kein notwendiges Kriterium einer guten, gesunden Kindertagesstätte, falls andere Möglichkeiten zur Bewegung ausreichend genutzt werden können.

Kleinkinder entwickeln ihre Sensomotorik und Handlungsfähigkeit über vielfältige spielerische Bewegungsaktivitäten. Vor allem in dem frühen Stadium der sensorischen, psychomotorischen und geistigen Entwicklung von U3 Kindern geht es zunächst um archaische Bewältigungsmuster, die helfen, mit den physikalischen Lebensbedingungen zurechtzukommen. Diese Aktivitäten lassen sich in drei Dimensionen einteilen (vgl. Ayres 2002), die sich als Identifikationsprozess mit den Flieh- und Schwerkräften dieser Erde deuten lassen: Die Kinder suchen nach Gelegenheiten Beschleunigung zu erfahren, also nach Geschwindigkeitsunterschieden, wie sie sich auf Rutschen, Rollbrettern, Rollern, Laufrädern u. a. m. erleben lassen. In einem zweiten Bereich suchen Kinder nach Möglichkeiten, sich um ihre Körperachsen zu drehen – so schnell, wie es geht. Sie brauchen dafür Karussells, schiefe Ebenen oder, wie im Fall des weitverbreiteten „Mühlespiels", andere Kinder. Der dritte Informationsbereich geht von Schwingungen aus, wie sie z. B. mit Hilfe von Schaukeln, Hängematten, Fendern, Strickleitern oder einfach mit einem herunterhängenden Seil erlebt werden können (vgl. Lensing-Conrady 2001).

Für diese Suchbewegungen muss jeder Kita-Raum vielfältigen Anlass bieten. Es reicht insbesondere für die Altersgruppe der U3-jährigen Kinder nicht, eine entsprechende Turnhalle vorzuhalten, der Bewegungsraum muss der Gruppenraum selbst sein. Hieraus folgt selbstverständlich, dass der klassische „Hutschachtelraum" mit ebenem Fußboden und unbespielbarer Decke so verändert werden muss, dass er die genannten Aktivitäten unterstützt (vgl. Pikler 2001).

Mehrdimensionale Bewegungslandschaften

Insbesondere mehrdimensionale Bewegungslandschaften im Raum sowie Aufhängungen an den Decken und geeignete Ergänzungen mit Bewegungsgeräten sind von grundlegender Bedeutung. Neue Wege

5

Ein bewegender Raum für die Jüngsten in der Kinderkrippe der Uni Bayreuth (kurz vor der Fertigstellung)

eines bewegungsorientierten Raumangebotes für Kleinkinder zeigen Projekte auf, wie die „Kletterkrippe" der Uni Bayreuth (vgl. Ungerer-Röhrig u. a. 2011). In einer konsequent neu erdachten Raumkonstruktion, in der die „Nebenräume" wie große Käfige unter der Decke hängen und über vielfältige Bewegungsanforderungen erreicht bzw. verlassen werden können, entsteht eine große Bewegungsfreiheit.

In der Regel werden in bestehenden Einrichtungen solche komplexen Landschaften schwer zu realisieren sein. Es ist dann eher möglich, jeweiligen räumlichen Bedingungen angepasste Kletterlandschaften (sensomotorische Erfahrungspodeste) anzubieten, die die motorische Erlebniswelt der Kinder ebenfalls erheblich bereichern. Durch die Nutzung von geeigneten Raumecken (Fenster, Türen, Laufwege und Heizungen sind hier determinierende Faktoren) für vieldimensionale Bewegungspodeste wird die freie Fläche für sonstige Aktivitäten weniger belastet.

Podeste als Spiel-, Bewegungs- und Lagerräume

Auch einfache Podeste sind bereits Anlass für Bewegungserfahrungen und Veränderungen der Perspektive. An ihnen zieht sich ein Kind hoch. Sie müssen erklettert werden, bieten einen veränderten Blick auf die Raumumgebung und werden wieder über Rutschen, Stufen, Leitern usw. verlassen.

Ein weiterer Vorteil von Podesten: Sie bieten Lagerräume für Material, die nicht von der verfügbaren Grundfläche abgehen. Wer mit Materialien flexibel umgehen möchte, kommt an einer Lagerung nicht vorbei. Da in vielen Einrichtungen hierfür wenig Platz vorhanden ist, ist die Verwendung bespielbarer Einbauten, die auch als Stauraum dienen

Ein Podest fürs Rollenspiel in der Kita „Wolke 7“, Bonn

(Podeste, zweite Ebenen etc.), eine geeignete Alternative. Letztlich entsteht durch geeignete Podeste Bewegungsraum.

Weniger ist oft mehr. Diese pädagogische Grundweisheit gilt schon ganz allgemein. Bei Kleinkindern kommt die in ihrer Wahrnehmungsverarbeitung erst allmählich einsetzende Entwicklung der Diskrimination [2] hinzu. Darunter wird die Fähigkeit verstanden, sich unter mehreren Wahrnehmungsreizen für einen oder wenige entscheiden zu können, die für die kommende Auseinandersetzung von Bedeutung sein soll. Die übersichtliche, ansprechende und auffordernde Präsentation verschiedener, aber ausgewählter Materialien ist einer Dauerpräsenz unüberblickbarer Vielfalt vorzuziehen. Auch hierfür bieten Podeste geeigneten Stau- und Bauraum.

Für die Optimierung der Kita-Räumlichkeiten im Hinblick auf ihre Bewegungsdimension sind eine Reihe weiterer Gesichtspunkte hilfreich:

Deckenkonstruktionen und Aufhängung

Je jünger die Kinder sind, desto weniger kann der Verweis auf die Existenz eines Bewegungsraumes genügen. U3 Kinder müssen sich vor allem erst mal dort bewegen können, wo sie gerade sind: im Gruppenraum. In jedem U3 Gruppenraum sollte für die Möglichkeit gesorgt werden, Geräte an der Decke zu befestigen: Schaukelbretter und -rollen, Hängematten und/oder Fender (Bälle, Säcke o. ä., die an einem Seil befestigt sind) – die Auswahl an Variationen ist groß.

Wenn die Decken tragend sind, ist die Anbringung unproblematisch. Es empfiehlt sich allerdings, statt der oft verwendeten Schraubhaken Ankerplatten zu verwenden, die zuverlässig halten und nicht abbrechen können. Trägt die Decke nicht, oder lässt sie aus anderen Gründen (z. B. abgehängte Schallschutzdecke) keine direkte Befestigung zu,

---

2 Um mit Hilfe von Wahrnehmungsprozessen zu lernen, müssen einige Stufen durchlaufen werden. Die Kette sieht etwa so aus: Reiz, Aufnahme durch Wahrnehmungsorgane, Differenzierung, Diskrimination, Integration, Lernen ...; mehr dazu in Zimmer (2012 a).

Der U3-Gruppenraum ist hier Bewegungsraum

wird die Aufhänge-Konstruktion aufwändiger. Aber einen Weg dahin gibt es immer.

Flexibilität der Raumnutzung

Auch eine ausgefeilte Raumplanung muss offen bleiben für Veränderung, für Umgestaltung bis hin zur zeitweiligen Zweckentfremdung der Räume. Hier sind vor allem einfache und flexible Lösungen wichtig und machbar. Ein Schlüssel zu mehr Flexibilität kann auch im Mobiliar liegen, wenn dieses transportierbar oder leicht verschiebbar (Rollen, Möbelgleiter ...) ist.

Ein dem Bewegungsinteresse widersprechendes, aber noch zu oft anzutreffendes Problem ist die Überausstattung mit Möbeln, insbesondere Sitzmöbeln. Die Forderung „Schafft die Stühle ab" (Zimmer 2002) ist nicht in erster Linie eine Hinterfragung des Stuhls selbst, sondern eine Aufforderung, Alternativen zu einseitigen Sitzpositionen oder zum Sitzen anzubieten. Ob dann Hocker oder T-Bretter[3] zu aktivem Sitzen auffordern oder ein Malteppich zur Kreativität in Bauchlage einlädt – es kommt darauf an, vielseitige, ohne Mühe veränderbare Möglichkeiten anzubieten und das Wahlverhalten der Kinder zu beobachten.

Je weniger Möbel für die Räume zur Verfügung stehen bzw. angeschafft werden, desto größer ist natürlich die Forderung nach deren Multifunktionalität: jetzt noch Hocker – gleich Bewegungselement ...

Vom Stuhl zur Bewegungsbaustelle muss es nicht weit sein

3 T-Bretter sind einfache zu einem T verschraubte Holzbretter. Sie lassen ein Kippen um die Längsachse zu, die durch eine aktive Muskelsteuerung beherrschbar ist.

Für manche Aktivitäten, z. B. gemeinsames Essen, braucht man mehr Tischfläche, die zu anderen Zeiten eher „im Weg“ ist. Solche Flächen können variabel hinzugeschaltet werden, ohne den ganzen Tag Platz zu verbrauchen: Durch die Verwendung von Klapptischen, oder entsprechender Holzplatten, die zwischen zwei Kompletttischen angebracht werden, kann die Tischfläche bei Bedarf vergrößert werden. Ansonsten klappt der Tisch bzw. hängt die Holzplatte, deren Unterseite mit Tafelfarbe bemalt ist, als Schreib- und Maltafel für die Kinder an der Wand, sodass mehr Platz für Bewegung zur Verfügung steht.

Wenn die Tischfläche benötigt wird, werden Tisch und Bänke heruntergeklappt ...

Es sind nicht nur dauerhafte Raumarrangements, die Anlässe für Bewegungserfahrungen bieten, sondern auch spontane Veränderungen im Raumangebot. Für solche „Bewegungsbaustellen“ wird die unmittelbare Umgebung verändert. Diese Veränderungen sollten so einfach und flexibel wie möglich sein, damit sie auch häufig geschehen:

Spontan kreierte Bewegungslandschaft im Nebenraum

Hier wurde über das Kuschelkissen eine faltbare Matte geworfen, und fertig ist die Bewegungslandschaft für heute.

5.2.2.1.2 *Die Kita als Lernort*

Sicher ist die Kindertagesstätte ein Ort der Bildung und des Lernens. Hier ist natürlich ausschlaggebend, was wir unter Lernen verstehen. In einem psychomotorischen Paradigma ist Lernen insbesondere in frühen Lebensjahren ein Selbstbildungsprozess, für den die Kita gewissermaßen den Boden bereitet. Hierzu muss die Forderung „den Sinnen Raum geben" wörtlich und elementar umgesetzt werden – und nicht in erster Linie mit „durchdidaktisierten" Lernmitteln.

Ein Beispiel: In einschlägigen Lernmittelkatalogen oder auch auf Bildungsmessen werden (z. T. für erhebliche Preise) bereits für die Kita

Badelandschaft im Krippenwaschraum

Der Waschraum als Experimentierfeld:
Hier können Kleinkinder
- großräumig mit Wasser hantieren
- sich dabei auch im Spiegel sehen
- die Armaturen selbst bedienen

spezifische Lehrmittel angeboten, in denen elementare Erfahrungen mit speziellem Instrumentarium und didaktischem Begleitmaterial besonders gute Lernbedingungen eröffnet werden sollen. So etwa ein Lehrkasten zum Basiswissen „Wasser", in dem einige Reagenzgläschen, einige weitere Glasgefäße, Pipetten und vor allem Anleitungsheftchen für 12 Experimente für 178,– Euro zu haben sind. Natürlich ist dies kein Selbstbildungsvorgang, aber nicht wenige Eltern applaudieren angesichts einer naturwissenschaftlichen Exploration, wie sie sie selbst in der gymnasialen Oberstufe erlebt haben. Was für ein Fortschritt!
Aber wir sind in einer Kindertagesstätte, in der, um beim Thema „Wasser" zu bleiben, möglichst breiter Zugang zum Element Wasser geschaffen werden sollte, damit Kindern ein diesbezüglicher Selbstbildungsprozess eröffnet wird. So können Waschräume auch als Wasserspielbereich dienen und damit eine Verbindung von Spaß, Elementarerfahrung und Hygiene herstellen. Dass Waschbecken in unterschiedlicher Höhe montiert und damit unterschiedlichen Körpermaßen gerecht werden, sollte eine Selbstverständlichkeit sein. Waschrinnen sind den Einzelbecken in ihrer pädagogischen Nutzbarkeit deutlich überlegen. Ganz zu schweigen von Bade- und Spielbecken, wie sie im Krippenbereich diskutiert und auch schon oft realisiert werden. So gesehen kann der Waschraum der geeignetste Lernraum für Wassererfahrungen in der Kita werden.

Es sind oft kleine Dinge, die Räume multifunktional machen und im psychomotorischen Sinn wirken. Wenn etwa, um beim Beispiel des Sanitärbereiches zu bleiben, alle Wasserhähne und Mischbatterien unterschiedlich funktionieren, so werden eben auch an Wahrnehmung und Bedienmotorik neue Anforderungen gestellt.

Bildung ist ganzheitlich, komplex und vielschichtig. Um in dieser Vielfalt den Überblick zu bewahren und alle Bildungsebenen zu erreichen, ist es sicher hilfreich, Bildungsbereiche zu beschreiben. Sie stehen zwar in wechselseitigen Beziehungen zueinander, helfen aber, die einzelnen Bereiche nicht zu vernachlässigen und genauer in den Blick zu nehmen. Solche Systematisierungen werden unterschiedlich vorge-

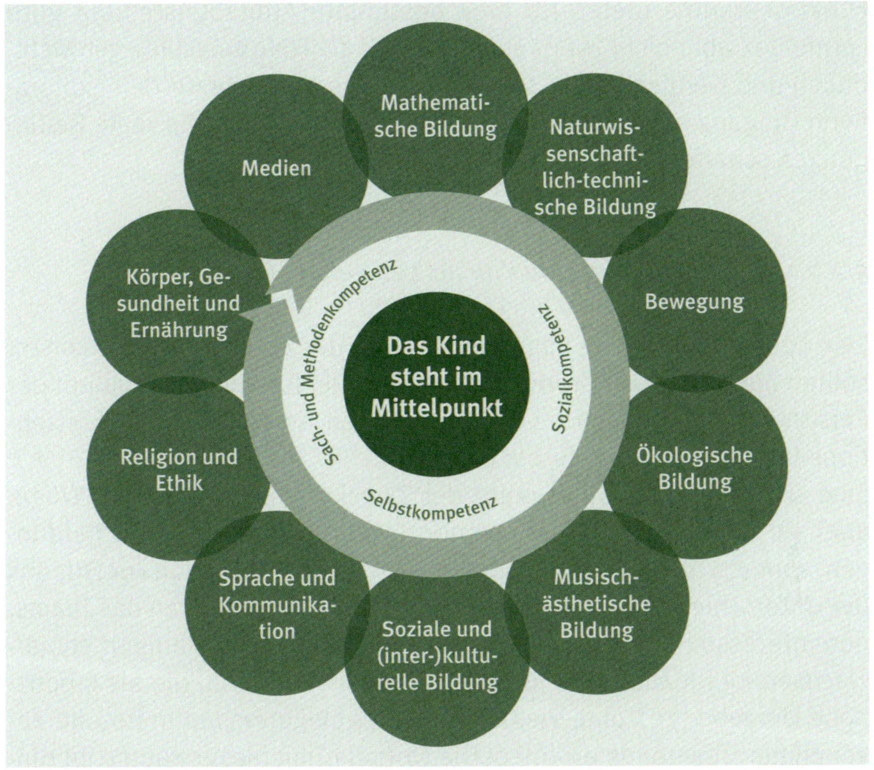

Abb. 7: Nach: Ministerien für Schule und Bildung sowie Kinder, Familie, Flüchtlinge und Integration des Landes NRW (2018) Bildungsgrundsätze für Kinder von 0–10 Jahren. Freiburg: Herder

nommen. Eine auch aus dem Interesse eines weichen Übergangs von Kita und Schule gut begründete Einteilung in 10 Bildungsbereiche findet sich in den aktuellen „Bildungsgrundsätzen" des Landes NRW:

Bildung wird auch hier als ganzheitlicher Prozess verstanden, der für Kinder im Vorschulalter am ehesten in themenübergreifenden Projekten und einem laufenden Aufgreifen von erlebten Alltagssituationen initiiert wird. Räume können und sollen alle Bildungsebenen unterstützen, indem sie Projektarbeiten und Alltag vielfältig, interessant und in geeigneter Form erlebbar machen.

Funktionsräume bieten für eine bestimmte Aufgabenstellung gute Lernfelder, aber nicht in erster Linie durch die Fülle einschlägiger Materialien und Gerätschaften, sondern dadurch, dass sie für den explorativen Umgang mit solchen Materialien bestmögliche und reale Bedingungen schaffen.

5

5.2.2.1.3 *Wohlfühlen – Die Kita als Lebensort*

Eine „gute" Einrichtung kommt nicht „von der Stange". Wie Personen, sollten auch Räume individuell und offen sein für die Individualität der Personen, für ihre Wünsche und Bedürfnisse, sofern sie in den konzeptionellen Rahmen integrierbar sind.
Eine solche Individualität steht der Zweckmäßigkeit nicht im Wege, aber sie entsteht nicht in einsamen Träger-Architekten-Entscheidungen, sondern in Partizipationsprozessen: Aus der Situation vor Ort, aus der Unterschiedlichkeit der Kinder, aus den Leidenschaften des Teams, den Interessen der Eltern, den konzeptionellen Vorstellungen etc. erwachsen im Idealfall jeweils unterschiedliche Räume, die als lebensnahe Umgebungen eine Vielfalt von Lerngelegenheiten in für alle angenehmer Umgebung eröffnen. Die Optimierung dieser Räume im Hinblick auf die Verbesserung der Lernsituation ist ein ständiger Prozess.
Dass das Lernen in einer sozial gesicherten, als angenehm empfundenen Atmosphäre effektiver ist, belegen Forschungsergebnisse (vgl. Hüther 2010); dies spielt aber leider in der auch den pädagogisch genutzten Gebäuden zugrundeliegenden „Betriebsstätten-Verordnung" keine Rolle. So wird hier eine Lux-Zahl für die Helligkeit festgeschrieben, nicht aber die Lichtqualität selbst und ihre Eignung für einen pädagogischen Zweck. Eine für alle Beteiligten als angenehm empfindbare Atmosphäre herzustellen, ist eine der zentralen Aufgaben einer Raumgestaltung, die sich u. a. in den folgenden Aspekten niederschlägt:

Licht und Beleuchtung
Fenster sind Öffnungen für Licht, Frischluft, Kommunikation und Verbindung von drinnen und draußen. In jedem dieser Bereiche liegen Qualitäts- und Problemanteile. So ist die Sonneneinstrahlung als Licht

für das Lebensgefühl unersetzlich, gleichwohl Quelle für eine Raumüberhitzung oder möglicherweise blendende Überbelichtung. Frischluft ist nicht gleich Zugluft, Kältebrücken können in kühleren Jahreszeiten empfindlich stören. Selbstverständlich sollten Fenster – mit einem den Gegebenheiten angepassten Schließsystem – vollständig zu öffnen sein, um die auch für die Heizperiode empfohlene Stoßlüftung zu ermöglichen.

Selbst die Kommunikationsfreundlichkeit der Fensteröffnung kann bei konzentrierten Beschäftigungen sehr stören, wenn etwa beim Vorlesen einer Entspannungsgeschichte andere Kinder „an der Scheibe kleben" und Grimassen schneiden. Auch wenn das Licht zu viel wird, stellt sich die Frage geeigneter Abschirmung. Rollos, Vorhänge oder Jalousie, innen oder auch außen angebracht, haben jeweils Vor- und Nachteile, die in Bezug auf die geplante Nutzung in Erwägung gezogen werden soll-

Ansprechende und variable Beleuchtung in einer Kinderkrippe

ten. Insbesondere bei Lichtkuppeln, aber auch an der Südseite von Gebäuden stellt die Wärmeerzeugung des Sonnenlichtes oft ein Problem dar, das Schutzmaßnahmen erfordert.

5

Fällt aber zu wenig Sonnenlicht ein, bietet eine Fülle künstlicher Lichtquellen Abhilfe. Die Auswahl geeigneter elektrischer Beleuchtung eröffnet eine breite Skala atmosphärischer Gestaltungsmöglichkeiten, die über die natürliche Licht – Schatten – Beziehung hinausgeht.
Gerade künstliches Licht ist sowohl Mittel zur Raumgliederung als auch Unterstützung jeweils anstehender Aktivitäten: Hell- und Dunkelbereiche, warme/weiche Lichttöne bzw. helles Arbeitslicht, gleichmäßige Raumausleuchtung oder Lichtspots usw. können je nach Funktion des jeweiligen Platzes bzw. einer geplanten Aktivität zum Einsatz kommen. Bei der Einrichtung von Räumen sollte auf solche Veränderbarkeit geachtet werden, was aber bislang in viel zu geringem Maße geschieht.

Mit geeigneten Lichtquellen die pädagogische Arbeit unterstützen!
Im Spielcasino sind die Bereiche (z. B. Spieltische) hell erleuchtet, an denen Spieler dazu angehalten werden sollen, länger mitzuspielen. Im Theater folgen wir den Spots, die die jeweilige Handlung „ins rechte Licht setzen“. Lichtquellen sind auch in der Kindertagesstätte geeignet, das jeweilige Thema zu inszenieren: Die fokussierte Lichtquelle über dem Tisch oder dem Bauteppich unterstützt die Konzentration auf die jeweilige Handlung, das helle Licht fördert die Farbdifferenzierung beim Malen, die dimmbare Wandlampe unterstützt mit ihrem indirekten Licht die Phantasiereise, das Einschlafen oder evtl. das Rollenspiel. Weil sich die unterschiedlichen Aktivitäten in einer Kindertagesstätte in einzelnen über die Räume verteilten Aktions- und Lerninseln abspielen, wird das einheitliche Licht, wie es vielleicht in einer Turnhalle oder einem Seminarraum dienlich ist, höchstens zum Putzen gebraucht. Die Beleuchtungsfrage stellt einen der größten Defizitbereiche unseres Kita-Alltages dar (s. Abb. S. 91).

Farbe
In Wechselwirkung mit dem Licht stehen die Farben. Wer von einem Farbcharakter spricht, meint, dass eine bestimmte Farbe und insbeson-

Forderungen an eine moderne Kita-Beleuchtung

- Nicht nur einheitliche Raumausleuchtung
- Veränderbarkeit des Lichtes
  - Lichtqualität und -atmosphäre, Dimmbarkeit
  - Leuchtrichtung
  - Differenzierte Schaltbarkeit über mehrere Schaltkreise
  - Individuelle, themenbezogene Lichtquellen
- zusätzlichen Beleuchtung (z.B. Lichterketten etc.) nach Bedarf
  - z.B. über die Wände verteilte Steckdosen in 150-180cm Höhe

Praegung LC 2012

Anforderungen an eine moderne Kitabeleuchtung

dere ihre Nuancierung Empfindungen auslöst. Auch wenn es eine allgemein akzeptierte Farbpsychologie gibt, sollte man sich vor allzu plakativen Wertungen (Rot macht aggressiv, Blau ist kalt ...) hüten. Erstens gibt es zu jeder Grundfarbe ein Spektrum von kalt bis warm, zweitens obliegt die Farbempfindung in hohem Maße subjektivem Geschmack. Wichtiger als die Auswahl eines jeweiligen Grundtones ist die Zusammenstellung eine Farbpalette, die zueinander passt und nicht zusammengewürfelt wirkt.

Starken Einfluss auf die Wirkung hat neben der Farbe selbst auch die Art des Farbauftrages (flächige Farbdeckung, gewischte/gebrochene Farbe, Kreuzstrichtechnik ...). In jedem Fall aber geben Farben den Räumen individuellen und spezifischen Charakter und unterstützen (oder stören) zum Beispiel pädagogische Intentionen.

Der Krippenraum der Kita Zingsheim wirkt harmonisch und bewegt

Das individuelle Wohlgefühl ist sicherlich ein wesentlicher Indikator für gelungene Farbwahl. Es gibt hier eine Vielzahl von anregenden Büchern, die helfen, eigene Vorstellungen zu spezifizieren.
Farbe kann auch Raumdimensionen verändern und hierfür ganz bewusst eingesetzt werden. So wird man nicht einen langen, schmalen Raum an den Längsseiten dunkel streichen, denn dies würde den Raum in unserer Empfindung noch schmaler machen. Eine tiefe Decke streicht man möglichst hell, um sie zu „heben“. Streicht man darüber hinaus an der Oberkante der Wand einen etwa 1–2 cm breiten Streifen ebenfalls in Deckenfarbe, wird der luftige Eindruck noch verstärkt.

Mobiliar

Auch unter dem Aspekt der anregenden Atmosphäre soll an dieser Stelle nochmal das Mobiliar thematisiert werden. Natürlich muss das Kita-Mobiliar robust sein, und da bieten die meisten Ausstattungskataloge eine Vielzahl von spezifischen und auch funktionsgerechten (allerdings meist standardisierten) Möglichkeiten. Auch an Robustheit fehlt es vielen Fabrikaten nicht. Robustheit darf allerdings nicht mit harter Oberfläche verwechselt werden. Auf einer mit gehärtetem Lack überzogenen Möbelfläche ist es sicher schwieriger, Spuren zu hinterlassen. In gewissem und sicher unterschiedlich toleriertem Maße sind es aber gerade diese Spuren, Kerben, Schrammen, die das Möbelstück „lebendig“ machen und den Beleg seiner Nutzung liefern. Für die spezifischen Zwecke und Gegebenheiten eines Kita-Raumes kann ein motivierter Schreiner genau passende Einrichtungsgegenstände bauen, deren Holzoberfläche auswählbar ist etc. Wirklich robust sollten die Holzverbindungen sein. Sie entscheiden darüber, wie lange das Mobiliar verwendet werden kann.

Ein alter Brotschrank ist Zeuge des letzten Jahrhunderts und fungiert in der Kindertagesstätte Wolke 7 als Puppenhaus ...

5

Zu empfehlen ist, gerade bei relativ neuen Einrichtungen, nicht nur mehr oder weniger moderne Katalogware zu verwenden, sondern auch durch bewährte, vielleicht sogar antike, „Patina"-gezeichnete Möbelstücke Atmosphäre und Nutzungsgeschichte in die Kinderräume zu bringen. Diese Möbel sind meist ebenfalls von hoher Qualität, sollten nach der erwarteten Funktion ausgewählt werden und geben einem Raum zudem eine individuelle Note.

Schall

Ein großes Problem vieler Einrichtung ist der oft sehr hohe Geräuschpegel, der nicht nur störend, sondern für Kinder wie auch für ErzieherInnen gesundheitlich bedenklich sein kann. Andererseits sind viele Menschen auf einem so kleinen Raum selbstverständlich eine hohe Geräuschquelle – und Bewegung ist laut! Seit eine Studie im Auftrag

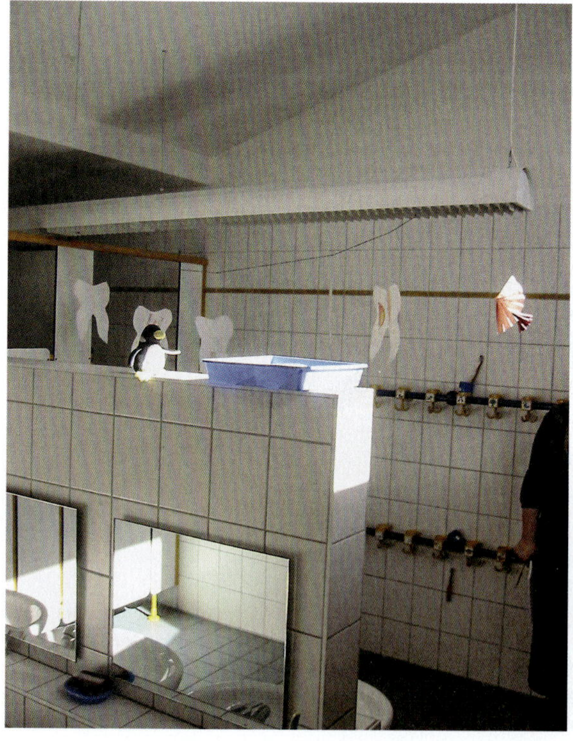

Foto 30: Kita-Waschraum ohne Schallschutz und mit überwiegend harten Oberflächen

der Unfallkasse NRW[4] den engen Zusammenhang von Schallbelastung und ErzieherInnen-Gesundheit belegt hat, wird der Schallminimierung zu Recht stärker Beachtung gewidmet.
Wenn dieser Zusammenhang noch allgemein akzeptiert ist, entziehen sich andere Wechselwirkungen von Schall und Atmosphäre oft unserer Aufmerksamkeit. So ist das „stille Örtchen" oft in kleinen, gekachelten mit Spiegeln, Fensterflächen und Sanitärkeramik ausgestatteten Waschräumen untergebracht, deren Überakustik („Nachhallzeit") bereits beim Betreten dieser Räume dem Laien wie „Wattegefühl in den Ohren" bemerkbar wird.

Solche Räume sind in der Lage, den Menschen zu ängstigen – sie werden gemieden. Was dies für den beginnenden Prozess der Körperhygiene bedeutet, lässt sich unschwer erkennen. Überakustik wird von Kleinkindern als Bedrohung empfunden und fördert ein Vermeidungsverhalten.
Umso wichtiger ist eine Berücksichtigung von Schall und Rückkopplung in der Raumplanung. Die Verwendung schallschluckender Decken- oder Wandplatten sollte für alle Kita-Räume selbstverständlich sein. Darüber hinaus stehen schalldämmende Anstriche, Ausstattungen (geeignete Möblierung, Zimmerpflanzen, Vorhänge oder Deckensegel) und Materialien sowie spezielle Akustikelemente (Absorber) am Markt zur Verfügung (s. Abb. S. 96).

Manche neuere Einrichtung schafft nicht nur aus religiösen Gründen mit einem „Raum der Stille" eine Auszeit vom Alltagslärm. An einem solchen abgeschiedenen Ort wird es schon dadurch ruhiger, dass Stille vereinbart und ritualisiert wird. Moderne Absorber-Technik kann dies noch deutlich unterstützen.

4 Unfallkasse NRW (2014): Gesundheit am Arbeitsplatz Kita – Ressourcen stärken – Belastungen mindern. Düsseldorf

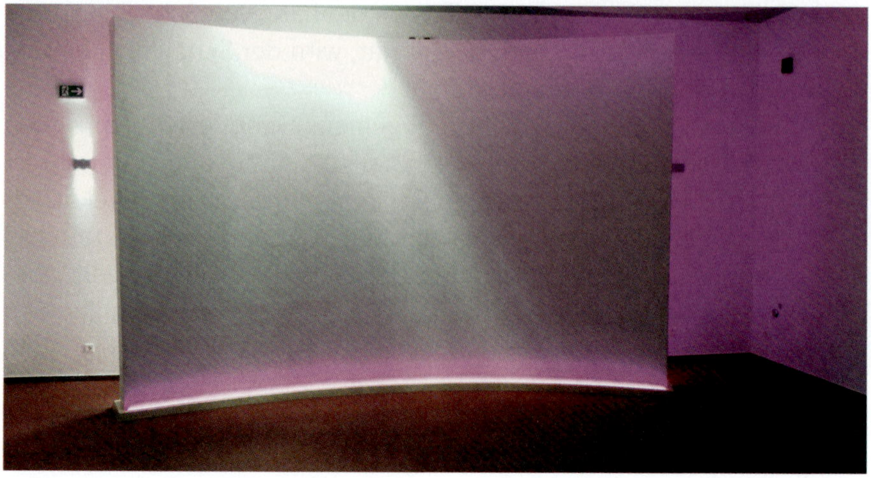

Raum der Stille in Kaisersesch

5.2.2.1.4 Besondere Aspekte der Raumgestaltung im Krippenbereich

Der Krippenbereich stellt zusätzliche Anforderungen an die Raumgestaltung. Den besonderen Bedürfnissen von Klein(st)kindern muss Rechnung getragen werden. Hier einige dieser spezifischen Aspekte:

Geringere und unterschiedliche Körpergröße
Unterschiedlich groß waren die Kinder immer schon, und damit hätte auch immer schon Anlass bestanden, die Waschbecken, Toiletten, Kinderküchen u. v. a. m. unterschiedlich hoch aufzuhängen, Tisch- und Stuhlhöhen anzupassen (Stichwort „mitwachsende Möbel").
Nun kommen aber z. T. sehr viel kleinere Körpergrößen in die Kita. Das Wasser muss auch für sie erreichbar sein. Hinzu kommt eine noch nicht so ausgereifte Bedienmotorik. So sinken kleinere Kinder vor allem aufgrund noch nicht ausgeprägter Hüftmuskulatur in die Toilettenschüssel, wenn nicht spezifische, ergonomisch entwickelte Toilettenbrillen verwendet werden. Bei altershomogenen U3 Gruppen sollten gleich kleine Toilettenschüsseln verwendet werden, wie sie im einschlägigen Fachhandel auch erhältlich sind.

Höherer Bedarf nach Bindung

Je kleiner die Kinder sind, desto weniger entwickelt ist ihre Verselbständigung und ihre Ablösungsfähigkeit von den Bezugspersonen. Für die Kita muss das ganz praktische Konsequenzen haben: Die großzügige Fensteröffnung in der Tür ermöglicht es dem Kind eher nachzuvollziehen, dass seine Bezugsperson nicht einfach weg ist, sondern gerade einen Besen etc. aus dem Flur holt und gleich wieder da ist. Da Krippenkinder oft der Erzieherin nachzukommen versuchen, sind sie bei Rückkehr hinter der Tür zu finden. Der Überblick für die Betreuungsperson, wer da hinter der sich gleich öffnenden Tür sitzt, ist für sie natürlich auch sehr hilfreich.

Höherer Schlaf- und Ruhebedarf

Die Angaben, wie viel Schlaf Kleinkinder brauchen differieren. Klar ist, dass das Schlafbedürfnis bei einem einjährigen Kind mehr als die Hälfte der Tageszeit (nachts ca. 12 Std. sowie tagsüber noch mal ca. 2,5 Std.) einnimmt, dann mit dem Alter abnimmt, individuell unterschiedlich wird und sich auf weniger Phasen (z. B. Mittagsschlaf) konzentriert (vgl. Haug-Schnabel/Bensel 2006, S. 17 f.). Diese Dynamik rechtfertigt es auch mit Blick auf die begrenzte Gesamtfläche der Kita aus psycho-

Podest im Schlafraum, das in jedem „Abteil" Raum für zwei Schlafplätze bietet.

motorischer Sicht nicht, für alle verbindlich feste Schlafräume zu fordern, die den ganzen Tag für Schlafbedürfnisse zur Verfügung stehen. Auch hier ist eine Multifunktionsüberlegung vorzuziehen.

Die Forderung nach einem gesonderten Schlafraum führt in Verbindung mit der meist knappen Raumzahl und -fläche nicht selten zu einer Renaissance längst überwunden geglaubter Bedingungen. Nach wie vor oft anzutreffende doppelstöckige Gitterbetten sind aus psychomotorischer Sicht schon deshalb abzulehnen, weil sie der Verselbständigung der Kinder entgegenstehen: Kinder sollen früh lernen, ihre Körperfunktionen, also auch den Grad ihrer Müdigkeit, wahrzunehmen um sich daraufhin zum Schlafen oder Aufstehen entscheiden zu können. Dem steht die Verabredung von Ritualen oder festen Ruhezeiten nicht entgegen.

Unterstützung der Mobilität

Mit der flächendeckenden Einführung von Krippenplätzen ist die Kita zum Ort eines Großteils der Mobilitätsentwicklung geworden. Nicht wenige Kinder lernen erst im Krippenalter das Laufen, bei anderen ist es noch nicht so sicher, dass sie schon selbständig in die Kita kommen könnten. In städtischen Gegenden werden viele Kinder in diesem Alter mit dem Kinderwagen gebracht, ansonsten wohl eher mit dem Auto, was eher nicht die Mobilitätsentwicklung der Kinder fördert und gesonderte Probleme verursacht.
Insgesamt wächst aber der Druck auf die Einrichtungen, überdachte und sogar im Winter gewärmte Stellflächen für Kinderwagen vorzuhalten. Diese Räume müssen logischerweise nah am Eingang sein. Ob extra angebaut oder intern umfunktioniert – hier nehmen parkende Kinderwagen den Kindern wertvollen, knappen und dringend benötigten Bewegungsraum weg. Im dringlichen Einzelfall sollte gemeinsam mit Eltern eine Lösung gefunden werden, insgesamt ist aber anzuraten, diese Parkfunktion auf das absolut benötigte Maß zu beschränken.

Höherer Hygiene- und Pflegebedarf

Auch ein Wickelraum muss ein vieldimensionaler Lernraum sein. Selbstverständlich ist Wickeln auch ein Akt, der gut organisiert sein

will: eine breite Wickelauflage, gut zugängliche Fächer für den Wickelbedarf (am besten vom Tisch aus) und eine danebenliegende Duschwanne mit am Schlauch herausziehbarem Duschkopf machen diese häufige Pflegearbeit einfacher, hygienischer und angenehmer.
Aber Wickeln ist doch weit mehr als ein Akt der Körperhygiene. Hier kann ein wesentlicher Teil des Identitäts- und Beziehungsaufbaus stattfinden. Haug-Schabel/Bensel (2006) weisen unter Bezugnahme auf Emmi Pickler auf die Bedeutung der „Beziehungsvollen Pflege" für den Vertrauensaufbau, aber auch für die Unterstützung von Kommunikationsstrukturen und Selbstwirksamkeitserfahrungen hin. Angenehmes Licht, warme Farben und die Vermeidung von Überakustik spielen hier eine unterstützende Rolle.

Vorbildlich: Effiziente Arbeits- und Lernumgebung in angenehmer Atmosphäre im Wickelraum der Kita Lichtblick, Münster

5

Angenehmer und rückenschonender für die Erziehenden wird es sicher auch, wenn ein Kind nicht auf den Wickeltisch gehoben werden muss, sondern diesen über eine Treppe selbst erreichen kann, was wiederum dem eigenen Wunsch des Kindes, gewickelt zu werden, besonderes Gewicht verleiht. Eine fest eingebaute Treppe ist sicher von Vorteil und kann mit Regalfunktionen kombiniert werden. Dass sich die Bauart einer Treppe auch nach den Gegebenheiten des Raumes richten muss, ist selbstverständlich. Es sollte aber immer darauf geachtet werden, dass die (ggfs. ausziehbaren) Treppen nicht die Laufwege versperren, sicher befestigt bzw. fixierbar sind und ohne großen Aufwand genutzt werden können. Im Zeitalter der Rolltreppen und des Bewegungsmangels kann aus psychomotorischer Sicht ein Wickeltisch in Form einer „modernen" Liftanlage nicht positiv bewertet werden, wobei noch hinzukommt, dass hier die Kinder bewegt **werden** und der Hubraum als Materiallager verlorengeht.
Das Kind setzt sich auf dem Wickeltisch nicht nur mit der ErzieherIn, sondern auch mit sich selbst intensiv auseinander. Sinnlich anregendes Ambiente, wie ein über dem Wickelbereich aufgehängter Spiegel, verstärken diese Erfahrungen.

Vertiefende Literatur zur Raumgestaltung:

- Lange, U.; Stadelmann, T. (2001): Das Paradies ist nicht möbliert. Räume für Kinder. Neuwied-Berlin: Luchterhand
- Schönrade, S. (2001): Kinderräume – Kinderträume ... oder wie Raumgestaltung im Kindergarten sinnvoll ist. Dortmund: borgmann publishing
- Van der Beek, A.; Buck, M.; Rufenbach, A. (2001): Kinderräume bilden. Ein Ideenbuch für Raumgestaltung in Kitas. Weinheim-Basel: Beltz

5.2.2.2 Dem Himmel näher – den Freiraum der Natur nutzen

So schön und zweckmäßig die Räume des Kita-Gebäudes auch hergerichtet sind, sie können die vielfältigen Lernfelder der Natur nicht ausgleichen, höchstens exemplarisch streifen. Für Lernfelder wie die nachfolgend genannten ist der Weg nach draußen unverzichtbar.

5

- Bewegungsraum: größere Fläche, die Höhe der Bäume, unterschiedlichere Bodenniveaus ...
- Licht und Luft: helleres Licht, frischere Luft, größere Temperaturschwankungen ...
- Elemente/Natur erfahren: Erde, Wasser, Feuer und Luft sind „einfach" da ...
- Nachhaltigkeit kennenlernen: Die Natur ist komplett recyclebar ...
- Beiträge zum Klimaschutz
- Kreisläufe erleben: Jahreszeiten, Tag – Nacht, Lebensgemeinschaften, Leben – Sterben ...
- Lebensgrundlagen schaffen (Ernährung): Gartenbau, Landwirtschaft, Beerensammeln ...
- Vielfalt (Biodiversität) wahrnehmen: Vielfalt von Pflanzen, Tieren, Materialien ...
- Eigenarten akzeptieren/tolerieren: Stachelbeeren – pieksig, aber lecker ...
- Einflüsse auf die Umwelt kennenlernen: Unser Verhalten (z. B. Pflege, Vernachlässigung, Beschädigung ...) hat direkt erlebbare Auswirkungen. Sowohl positiv (Kunst, Gartenbau ...) als auch negativ (Müll, Flächenversiegelung ...)

Beispiele besonders vorteilhafter Lernfelder in der Natur

5

In den letzten Jahren hat die gesundheitspolitische Diskussion um die Verstärkung des Aufenthaltes von Kindern in der Natur neue Nahrung erhalten. „Das letzte Kind im Wald“ heißt das 2005 erschienene Buch des amerikanischen Psychologen Richard Louv. Er stellt die Theorie auf, dass der starke Naturmangel in industrialisierten Gesellschaften psychische Erkrankungen hervorruft. „Nature-Deficit-Disorder“ oder Naturmangelerkrankung wird dieses Phänomen nun über Louvs Werk hinaus genannt. Zu den möglichen Symptomen gehören Übergewicht, Konzentrationsprobleme, Aggressivität und Depression.
Als ursächlich für diesen Mangel wird der Wandel der Gesellschaft gesehen. So entfällt zunehmend viel Tageszeit auf die Nutzung von Medien und den Aufenthalt in Innenräumen. Laut Ergebnissen der KIM-Studie (2008) verbringen deutsche Kinder zwischen 6 und 13 Jahren durchschnittlich 161 Minuten mit Fernsehen, Computer- und Konsolenspielen (Kinder und Medien, KIM-Studie, 2008[5]). Dass dies in ers-

Erlebnisse im Wald

5 Download der aktuelle Kim Studie: www.mpfs.de

ter Linie in Räumlichkeiten geschieht, verstärkt die gesundheitlichen Folgen. Nach langjährigen Studien konnten Forscher jüngst belegen, dass in erster Linie dieser zu lange Aufenthalt in Räumen für die weltweit bedrohlich wachsende Zahl von z. T. sehr kurzsichtigen Kindern verantwortlich ist.

Wenn also Natur und Naturerfahrungen für Kinder einer Kindertagesstätte aufgrund sowohl der möglichen Lerndimensionen als auch ihrer Gesundheitsrelevanz von eklatanter Bedeutung sind, führt auch aus psychomotorischer Sicht kein Weg an einem größeren Anteil von Naturaktivitäten im Tagesverlauf vorbei. Dabei kommen durchaus unterschiedliche Realisierungsebenen in den Blick:

5.2.2.2.1 *Der „Garten" – Das Außengelände in Kindertagesstätten*

Es gehört zum selbstverständlichen Angebotsspektrum der meisten Kindertagesstätten, Naturerfahrungen in die pädagogische Arbeit einzubeziehen. Viele bereits aufgeführte Gestaltungsprinzipien für Innenräume gelten auch für den Außenbereich, denn es sind ja Lernräume, die möglichst umfassende Bildungsgelegenheiten aufweisen sollen.
Im Kindergartenalltag spielen die Außenflächen schon aufgrund ihrer Größe (i. d. R. die größte Fläche) eine besondere Rolle. Ein abwechslungsreich und naturnah angelegtes Außengelände soll als Raum für Bewegung und Wahrnehmung vielfältige Angebote eröffnen, die zum Teil in angeleiteter Form stattfinden, darüber hinaus aber Anlass für Selbstorganisation und Neugierverhalten geben.
Das Außengelände sollte weit mehr sein als ein Platz zum Austoben. Es kann alle Lernfelder der frühkindlichen Bildung unterstützen, wenn diese bei der Gestaltung des Geländes berücksichtigt werden. Für die Geländegestaltung stellen neben der Funktion als Bewegungsraum Bereiche wie

- elementares Spiel
- soziales und ökologisches Lernen
- Naturbeobachtungen und -erfahrungen

- Kreativität, Gestaltung und Bauen
- Wagnis und Risiko
- Ruhe, Erholung, Entspannung und Wohlfühlen

5

wesentliche Aufgaben dar.

Das Außengelände als Erlebnisraum

Bewegungsraum
Bewegung sollte hier deshalb nicht in erster Linie über spezifische Geräte gefördert werden, sondern durch eine komplexe Geländemodulation, in der sich Erlebnisse zwischen hoch und tief, schnell und langsam sowie aktiv und ruhig entwickeln können. Als bewegungsfördernde Gestaltungskriterien gelten unter anderem:

- Abwechslung der Bewegungsdynamik (schnell/langsam)
- Berücksichtigung der grundlegenden Bewegungsformen Drehen, Laufen, Fahren, Balancieren, Klettern, Werfen, Springen und Schwingen
- Perspektivwechsel durch eine Modellierung des Außengeländes (Hügel und Täler, Brücken, Stege und Türme)
- Abwechslung von Ruhe- und Aktivitätszonen
- Verwendung unterschiedlicher Untergründe als Lauf- oder Fahrflächen
- Ermöglichung von Bewegungsrisiken (Geländesprünge, Kletterbäume ...)

Klettern in Wolke7 (psychomotorische Kindertagesstätte in Bonn)

Der Schwerpunkt der Gestaltung liegt also zunächst nicht so sehr in der Ausstattung als vielmehr in der modellierten Anlage des Geländes, wobei unterschiedliche Niveaus durch Hügel und Täler (z. B. Rasenmolde) erreicht werden.

5

Bewegungsintensive Räume sollten so in das Gelände eingebettet werden, dass sie andere Aktivitäten weniger stören. Ein Fahrweg soll auch schnelle Bewegungen der Kinder mit Roller, Laufrad oder anderen Fahrzeugen erlauben und muss deshalb so positioniert werden, dass er andere Aktivitäten nicht kreuzt.

Raum für Fantasie und Kreativität

Der/die MalerIn, die mit seiner/ihrer Staffelei ins Freie geht, um das Licht „einzufangen“ und Motive, Anregungen, Farben der Natur aufzunehmen, ist sinnbildlich bekannt. Viele kreative und künstlerische Prozesse werden auch in einer Kindertagesstätte freigesetzt und un-

Der Blaupflaumenblaubaumraum. Wer es aussprechen kann, darf rein …

terstützt, wenn Malateliers oder Bauaktivitäten, mindestens bei angenehmen Wetterlagen, nach draußen verlagert werden.
Fantasievolle und attraktive Highlights (Märchenschloss, Traumhöhle, Hängebrücke ...) sowie vielseitige Bepflanzung geben dem Gelände eine Identität und „die besondere Note".
Dabei können auch künstlerisch ästhetische Momente geschaffen werden.

An der Straßenecke wird eine durch ein Gartenhäuschen, ein Heckenviereck etc. genutzte Eckfläche (oft recht ungenutzt) zur „Beobachtungsecke", die eine heimliche Beobachtung des Verkehrs mit Wahrnehmungs- und Entdeckungsanregungen verbindet ...
Ein „Märchenschloss", das mit handwerklich künstlerischer Holzgestaltung geschaffen wird, steht über eine Kletterhängebrücke mit der wiederum künstlerisch gestalteten „Traumhöhle" in Verbindung, die als erdbedeckte Höhle die Basis eines Hügels bildet ... Der Fantasie sind hier kaum Grenzen gesetzt.

Der Natur nahekommen
Das Außengelände ist eine Kulturlandschaft, das heißt: es ist nicht natürlich gewachsen, sondern von Menschenhand angelegt. Damit spiegelt jedes Außengelände auch die Beweggründe und Denkmuster der Erbauer. Zerlegen sie Spiel in seine Einzelteile und bieten hierfür spezifische, für geeignet gehaltene Geräte an oder schaffen sie multifunktionale Räume, in denen die Vielfalt des Spiels die möglichen Inhalte verbindet? Ist die Vermeidung von Risiken oberster Ratgeber, oder bestehen hier komplexe Spielsituationen mit großem Entscheidungsspielraum für die Kinder?
Naturnähe als Gestaltungskriterium bedeutet **Vielfalt**: ein Barfußpfad schlängelt sich durch das Gelände um Büsche und Bäume herum und lädt mit verschiedenen Oberflächenmaterialien und -beschaffenheiten ein, die Unterschiede zu erspüren (s. Abb. S. 108).

Er ist einer der verschiedenen Wege, die die einzelnen Plätze, Gartenbereiche und Spielgeräte miteinander verbinden. Diese Plätze und Gartenbereiche werden durch unterschiedliche Anlage, verschiedenartige

Verbindungswege

Materialien (Stein, Holz ...) und Pflanzen identifizierbar. Versiegelte Flächen (Asphalt, geschlossenes Pflaster ...) sollten weitgehend durch wasserdurchlässige Oberflächen ersetzt werden. Die Auswahl der Bepflanzung bestimmter Gartenbereiche sollte ebenfalls durch Vielfalt gekennzeichnet sein. So gibt es auch heimische Pflanzen, wie etwa der Borretsch, der nicht nur als Zutat zu Salat gebraucht werden kann, sondern dessen Blüten gerne von vielen Schmetterlingsarten, Bienen und anderen Insektenarten angenommen werden, die dann von den Kindern beobachtet werden können.

Foto 39: Borretschblüten ziehen Insekten magisch an ...

Naturnähe bedeutet auch Wildheit. Es sollten immer auch Flächen vorhanden sein, die vom regelmäßigen gärtnerischen Zugriff verschont bleiben. Buschhecken als Versteckhöhle, Erdkuhlen zum Matschen, Pfützen zum Reinspringen oder Kleinbiotope zum Forschen sind für Kinder attraktive Erfahrungsräume. Wasser, Erde, Sand und Pflanzen sind Erlebnis- und Gestaltungselemente. In extensiv gepflegten Gartenbereichen, vielleicht ja auch mit einem Totholzstamm und heimischen Wildpflanzen bereichert, bilden sich ökologische Systeme. Sie bieten Gelegenheit, sich den Raum mit Pflanzen, Insekten und anderen Kleintieren, Moosen und Flechten zu teilen.

Unterstützung und Verstärkung des Naturbezuges in und außerhalb der Kita

5

Natürlich bleibt auch ein interessantes und wilderes Außengelände in der Kindertagesstätte begrenzt. Es gibt deshalb in jedem Fall Grund genug, den Blick mal über den Gartenzaun schweifen zu lassen. Dies gilt noch stärker für Kindertagesstätten mit sehr kleinen und unzureichenden Außengeländen und ist natürlich abhängig davon, was es im erreichbaren Radius um die Kindertagesstätte herum zu sehen und erleben gibt. Das mag oft in ländlichen Regionen leichter sein als in der Stadt. Aber vielleicht ist es hier sinnvoll, von einem Berliner Wohnungskindergarten zu berichten, der im zweiten Stock eines Hauses in der Innenstadt untergebracht war und überhaupt kein Außengelände zur Verfügung hatte. Nur über öffentliche Verkehrsmittel konnten die Kinder und ihre ErzieherInnen einige Parkanlagen der Stadt erreichen. Aber hier wurde über direkte Ausflüge, Erkundung und Besichtigungen der Parks, Nutzungsüberlegungen und -ideen mit den Kindern vor Ort diskutiert und unter Einbeziehung der Eltern in Plakaten und Informationspapieren festgehalten. So entwickelte diese Einrichtung in einem partizipativen Prozess ein starkes Nutzungs-Know-How für die erreichbaren Grünflächen des Stadtteils. Es ist das Bemühen, aus den Gegebenheiten das Bestmögliche zu machen, dass eine lebendige Kindertagesstätte auszeichnet.

In der Regel sind die Wege in die Natur gar nicht so weit. Kitas können zwei Wege beschreiten: Rausgehen in die Natur und Reinholen von Natur.

5.2.2.2.2 Naturerfahrungen außerhalb der Kindertagesstätte

Waldtage oder Waldwochen werden von einer Reihe von Kindertagesstätten regelmäßig angeboten. In unterschiedlichen Gruppenkonstellationen unternehmen sie halb- oder auch ganztägige Ausflüge in-

Aktivitäten beim Ausflug in den Wald

erreichbare Waldgebiete. Leider sind nicht alle Forstämter begeistert von diesen Besuchergruppen und tun sich schwer, nutzungsrechtliche Schritte zu unternehmen (z. B. Genehmigungen von den unterschiedlichen Waldbesitzern einzuholen), die solche Ausflüge absichern und erleichtern würden.
Trotzdem treffen sich zum Teil die Gruppen auch morgens auf einem Waldparkplatz, um dann den Tag in der Natur zu verbringen. In diesem Fall werden die Kinder meist von Eltern statt in die Kita dorthin gebracht.

Überwiegend werden diese Waldtage trotz der organisatorischen Mehrbelastung von Kindern und PädagogInnen nicht nur als Abwechslung, sondern auch als wesentliche Bereicherung beschrieben.

5

Anregungen von Spezialisten: **Waldkindergärten**
Besonders konsequent stellen die Waldkindergärten den Naturbezug her: Der „Waldkindergarten" wurde Anfang der 90er Jahre auf der Grundlage eines in Dänemark bereits seit über 30 Jahren praktizierten Modells für Deutschland erstmals in Flensburg umgesetzt[6] und wird seitdem in sehr vielen örtlichen Initiativen aufgegriffen und in neuen Waldkindergärten realisiert und dokumentiert.[7]

Im Waldkindergarten verbringen die 3- bis 6-jährigen Kinder zwischen 3 Stunden im Winter und 4 Stunden im Sommer unter freiem Himmel. Die Gruppengröße liegt zwischen 15 und 18 Kindern bei zwei betreuenden Erzieherinnen. In dem zum Teil recht großen Waldgebiet von bis zu 150 Hektar wird in der Regel ein Aktionsraum festgelegt, an dem ein Treffpunkt für das Bringen und Abholen der Kinder vereinbart ist. Meistens wird darüber hinaus eine Waldhütte etc. zum Schutz bei extremen Wettersituationen vorgehalten. Außer einer Notfallausrüstung wie Mobiltelefon, PKW in erreichbarer Nähe, Erste-Hilfe-Ausrüstung sowie Werkzeug und Bastelmaterial ist die Gruppe im Wald auf sich allein gestellt.

Diese starke Exposition führt immer wieder zu Diskussionen: Sind hier arme Kinder der Natur ausgeliefert oder lernen dort starke Kinder mit der Natur im Einklang zu leben? Die Vorstellung, Kinder relativ ungeschützt der Natur auszusetzen, ist bei vielen Menschen mit Ängsten verbunden ist. Diesen Ängsten

6 Eine sehr informative Übersicht über die Geschichte und das pädagogische Konzept der Waldkindergärten liefert die Internetseite: www.waldkindergarten.de. Das dänische Vorbild sah zwei Alternativen vor, den reinen (ausschließlichen) Waldkindergarten, wie er dann auch in Flensburg verwirklicht wurde, und ein integriertes Modell, bei dem eine Gruppe des Regelkindergartens in zweimonatigem Wechselrhythmus in den Wald bzw. die Einrichtung geht.

7 Michael-Hagedorn & Freiesleben, 1999

Die ErzieherInnen müssen erst mal prüfen, ab ihre Brücke hält ...

versuchen sich die Waldkindergärten zu stellen, indem sie Transparenz zu schaffen suchen. Es liegen zahlreiche Beschreibungen vor, wie so ein Waldtag abläuft, Mütter erzählen von ihren Beobachtungen der Entwicklungsfortschritte ihrer Waldkinder und selbst mit dem sensiblen Thema der Vorbereitung auf die Schule wird aktiv umgegangen (vgl. www.waldkindergarten.de).

Gegenüber der Regelpädagogik sehen die Befürworter des Waldkindergartens qualitative Vorteile:

- „Drei bis vier Stunden täglich frische Luft.
- Der natürliche Bewegungsdrang der Kinder kann ungehindert ausgelebt werden.
- Keine Lärmbelästigung wie in geschlossenen Räumen: Die Kinder erleben wieder Stille!
- Keine Krankheiten, die gewöhnlich in geschlossenen und oft überheizten Räumen übertragen werden können.

- Weniger Regeln und Gebote; jede Regel ist für die Kinder nachvollziehbar, weil mit dem unmittelbaren Erleben verbunden.
- Natur wird unverfälscht erlebt und begriffen, der behutsame Umgang mit jeder Art von Leben wird erfahren und gelernt.
- Der Kreislauf der Natur wird direkt wahrgenommen und erlebt.
- Die Phantasie und Kreativität der Kinder wird durch die Vielfältigkeit der Natur des Waldes angeregt und gefördert.
- Das tägliche Erleben des Waldes ist für Kinder wie ein wirkliches Abenteuer.
- Das Spiel in freier Natur lässt die Kinder selbst ihre Grenzen und Entwicklungsfortschritte erfahren.
- Die Gruppe ist kleiner und hat mindestens zwei Erzieherinnen.
- Die Erzieherinnen können sich ungestört den Kindern widmen (keine Unterbrechung durch Telefonate und andere organisatorische Dinge).
- Der Kostenaufwand ist erheblich niedriger als der eines Regelkindergartens.“[8]

Diese sicher noch nicht vollständig aufgelisteten Vorteile beeindrucken. Gleichwohl wird dieses Modell kein Modell für alle sein können: Niemand denkt daran, die Präsenzzeit im Wald auf den ganzen Tag zu verlängern. Der Waldkindergarten ist ein Halbtagskindergarten, der für alle, die nicht jeden Tag ein Kind morgens zum Waldtreffpunkt bringen und mittags wieder abholen können, schwer zugänglich bleibt. Und auch zahlenmäßig ist der Waldkindergarten als Regelfall – nicht nur für Revierförster – schwer vorstellbar.
Unter dem Aspekt, Risikokompetenz und Selbstkonzept bei Kindern erhöhen zu wollen, ist der Waldkindergarten allerdings ein hochinte-

8 Schröder in: Jäger & Jebsen, 1995

ressanter und geeignet erscheinender Ansatz. Und er ist für alle, die Wald und die Natur auch nur wochen- und tageweise nutzen wollen, eine Erfahrungsquelle mit großem Know-how.

Spezifische Projekte zur Naturerfahrung

Es gibt auch außerhalb des Waldes eine Menge lohnender Naturprojekte, um Kinder für ökologische Kreisläufe und Umweltthemen zu interessieren und die entsprechenden Erfahrungsräume zugänglich zu machen.

Für die Kindertagesstätte heißt das zunächst, die regionalen Bedingungen zu erforschen. Was bietet sich in der Umgebung an? Schrebergärten oder gar botanische Gärten? Eine Schafherde oder gar zoologische Gärten? Hobbyzüchter oder Bauern mit Viehzucht? Beerensträucher oder gar eine Streuobstwiese?

Beobachten, wie Schafe geschoren werden ...

... und sich dann gleich ins weiche Wollvlies kuscheln.

Dabei richten sich selbstverständlich die Projekte neben dem Kennenlernen in erster Linie an den Fragen des eigenen Zutuns aus. Wenn etwa eine Streuobstwiese besucht wird, kann vielleicht das Obst (sogar mit einer Leiter?) selbst gepflückt und verwertet werden (Aufessen, Herstellung von Apfelsaft, Verwendung zum Backen). Wenn die Schafherde besucht wird, kann man dies zum Schertermin tun und anschließend bei der Wollverarbeitung helfen ...

Tiergestützte Pädagogik
Tiere sind nicht nur andere Lebewesen als der Mensch, sondern haben auch spezifische Eigenschaften, die zusätzliche Dimensionen in die pädagogische Arbeit bringen können.

Ein Hund ist ein treuer Begleiter „seines" Menschen. Dafür fordert er Pflege, Zuwendung und Erziehung. Wenn eine Erzieherin ihren Hund im ganz normalen Kita-Alltag dabei hat, erlaubt sie den Kindern Einblicke in das Sozialgefüge Mensch – Hund. Bei der Versorgung des Hundes dürfen die Kinder einige Aufgaben mit übernehmen. Gleichzeitig erleben sie aber auch, dass die Bedürfnisse des Hundes ernstgenommen werden und wir Menschen hier verlässlich und verantwortungsvoll handeln müssen. Auch Hunde machen einmal Unsinn. Dann werden sie ermahnt, müssen es besser machen, werden aber weiterhin geliebt und geschätzt. Für viele der Kinder sind hier ganz normale, auch im menschlichen Zusammenleben wichtige Verhaltensweisen zu erlernen. Dies ist umso wichtiger, wenn Kinder eine solche Sozialisierung zu Hause nur unzureichend erlebt haben.

Die Anwesenheit eines Hundes, der natürlich auch für diese Aufgabe besonders geeignet und geschult sein sollte, hat immer einen beruhigenden, sozialisierenden Einfluss auf die Kinder.

Der Hund ist nur ein Beispiel. Auch andere Tiere bringen neue Perspektiven in das Angebot der Kindertagesstätte. Ob es Ziegen sind, die im Außengelände auch gehalten werden, damit die Kinder sie wöchentlich in den Park des benachbarten Seniorenzentrum bringen, um als Streicheltier und Kommunikationsmedium zu dienen, oder auch Hühner, die bei guter Pflege Eier für das Frühstück liefern. All dies sind Möglichkeiten, um die Erfahrungs- und Handlungsfelder der Kindertagesstätten-Kinder zu erweitern.

5

Vertiefende Literatur zum Kita-Außengelände:

- Sächsisches Staatsministerium für Kultus / Sächsische Landesvereinigung für Gesundheitsförderung (2018): Bildungsraum Garten. Naturnahe Außenräume in Kindertageseinrichtungen und Kindertagespflege. Dresden
- Lange, U.; Stadelmann, Th. (2017): Kunst ohne Dach. Künstlerisches Arbeiten im Freien. Weimar: Verlag das Netz
- Schäfer, G.; Alemzadeh, M.; Eden, H. Rosenfelder, D. (2009): Die Natur als Werkstatt. Weimar: Verlag das Netz

Vertiefende Literatur zur Naturerfahrung:

- Gebhard, U. (2005): Kind und Natur. Die Bedeutung der Natur für die psychische Entwicklung. Wiesbaden: Verlag für Sozialwissenschaften
- Jäger, P.; Jebsen, K. (1995): Bei jedem Wetter draußen. Ohne Dach und ohne Wände: Der Flensburger Waldkindergarten. In: Spielraum, Heft 2 109–111
- Koneczny, M. (2018): Hunde im Kindergarten. Ein Tierbesuchsprojekt nicht nur für Vorschulkinder – Praktische Anleitung zur tiergestützten Arbeit. Dortmund: borgmann publishing
- Michael-Hagedorn, R.; Freiesleben, K. (1999): Kinder unterm Blätterdach. Walderlebnisse planen und gestalten. Dortmund: borgmann publishing
- Späker, T. (2017): Natur – Entwicklung und Gesundheit. Handbuch für Naturerfahrungen in pädagogischen und therapeutischen Handlungsfeldern. Baltmannsweiler: Schneider Verlag Hohengehren

5.2.3 Die Konzeption – Inhalte, Methodik und Aufbau

Papier ist geduldig. Gleichwohl kommt der Konzeption als Abbildung einer Einrichtung nach außen und innen große Bedeutung zu. Sie ist die schriftliche Darstellung aller inhaltlichen und organisatorischen Aspekte der Kindertagesstätte, die für die Zielgruppe relevant sind. Hier werden Einblicke in den Tagesablauf ebenso gegeben, wie Trägerstrukturen und Informationen zum Team, zu den pädagogischen Leitlinien und differenzierten Angebotsbereichen. Zielgruppen befinden sich innerhalb und außerhalb der Einrichtung: Mitarbeitende, Eltern, Kinder, Träger, Dachverband, Lokalpolitik, Sponsoren ... Diese Aufzählung zeigt schon, dass eine Konzeption am besten differenziert verfasst sein sollte. Für unterschiedliche Zielgruppen ist oft nicht das Gleiche relevant oder interessant. Aber diese Differenzierung steht nicht am Anfang.

Konzeption als Teamarbeit

Am Anfang steht ein Team und ein Prozess, in dem jede(r) Einzelne(r), evtl. innerhalb von Rahmenvorgaben des Trägers, die eigenen Vorstellungen und Gedanken zur eigenen Arbeit schriftlich formuliert, sodass sie in einem Diskussionsprozess kritisiert, erklärt, geklärt und vereinbart werden können. Natürlich ist es nicht immer leicht, die richtigen Worte zu finden. Insbesondere fällt oft schwer, das Alltägliche zu beschreiben – das ist doch normal und das weiß doch jede(r). Aber hier liegt gerade eine große Chance, das eigene Tun zu reflektieren und die eigenen Sichtweisen auch den anderen Teammitgliedern deutlich zu machen. So gesehen ist die Konzeptionsarbeit zu einem guten Teil innengerichtet und ein wichtiger Teil der Teambildung. Zur Ordnung der Gedanken hilft vielleicht eine Gliederung in wesentliche Bereiche, die zu beschreiben sind. Aber dafür gibt es genügend Vorlagen (siehe auch die entsprechenden Reflexionsbögen im Anhang). Natürlich sind auch die gesetzlichen Grundlagen des KJHG oder die Vorgaben der Qualitätsstandards der Länder und Trägerorganisationen konstituierender Hintergrund für die Entwicklung der Konzeption.

Es ist kein Vorteil, wenn ein komplett formulierter Text vom Träger oder der Leitung vorgelegt und vom Team zu akzeptieren ist. Das mag die

Entstehungszeit verkürzen, aber es lässt außer Acht, dass es um den gemeinsamen Diskussionsprozess geht, der an der Realität ansetzt und einer Formulierung vorangeht. Durch diesen Prozess wird die Konzeption für alle akzeptabel und verbindlich. Sie verpflichtet alle MitarbeiterInnen, die getroffenen Aussagen dann auch zu realisieren.
Dies gilt solange, wie die getroffenen Aussagen der gelebten Realität oder den sich evtl. verändernden Intentionen entsprechen. Wenn beispielsweise eine Einrichtung sich auf den Weg zur Zertifizierung „Anerkannte psychomotorische Kindertagesstätte" macht, hat dies eine entsprechende Überarbeitung der Konzeption zur Folge. Eine Konzeption ist immer eine Vereinbarung auf Zeit und sollte in regelmäßigen Abständen oder bei akutem Bedarf wieder in gemeinsamen Prozessen überarbeitet werden.

Was sich hier recht mühsam anhört, ist es auch. In einem so langwierigen Prozess die Motivation dauerhaft aufrechtzuerhalten, ist nicht einfach. In dieser Motivationsaufgabe, der Strukturierung von Teamsitzungen, der Einbeziehung aller MitarbeiterInnen in die Gespräche und die gleichmäßige Verteilung von Vorbereitungsarbeiten, der Verhinderung allzu ausufernder Diskussionen und der Schlichtung und Versachlichung von Kontroversen erwachsen anspruchsvolle Leitungsaufgaben.

Ist eine erste Fassung der Konzeption erstellt, sollte eine Prüfung auf inhaltliche Stimmigkeit erfolgen. In Bezug auf die psychomotorische Ausrichtung der zu zertifizierenden Kindertagesstätte wird der Frage einer inhaltlichen Durchdringung aller Einzelthemen besondere Beachtung geschenkt: Psychomotorik soll nicht ein hinzuaddierter Punkt sein, sondern als Querschnittsqualität, die in die beschriebenen Aufgaben- und Handlungsbereiche hineinwirkt, deutlich werden.

Für die Akzeptanz (oder auch Genehmigung) der Konzeption durch den Träger und/oder die ElternvertreterInnen ist deren frühzeitige Einbindung wichtig. Im Hinblick auf die Akzeptanz im Allgemeinen und die Visitenkarten-Funktion der Konzeption darf der Einfluss rechtsprachlich und grammatikalisch einwandfreier Formulierungen nicht unterschätzt werden.

Konzeption – für wen?
Aus dem genannten Prozesscharakter wird klar, dass die Ergebnisse in ihrer Gesamtheit nicht für alle interessant oder auch bestimmt sind. Für eine schnelle Überblicksinformation eignet sich ein übersichtlicher Flyer eher als das Gesamtwerk. Hierfür ist auch ein ansprechendes Layout wichtig.

Auch das Gesamtwerk, das dem Träger und den Eltern (zumindest als Auslage) zur Verfügung stehen sollte, enthält Teile, die nicht zur „Veröffentlichung" bestimmt sein könnten. Wenn etwa ein Organisationskonzept die Aufgabenverteilung zwischen den MitarbeiterInnen oder die Arbeitszeitverteilung zugunsten interner Bedarfe (Organisation und Rhythmisierung des Mittagessens, von Schlafzeiten, Elterngespräche u. a.) regelt, muss dies nicht allen bekannt werden (Datenschutz beachten!). Ein Konzept, das der Öffentlichkeitsarbeit dient oder etwa Sponsoren interessieren soll, unterscheidet sich notwendigerweise von den für die internen Absprachen und Vereinbarungen des Teams gedachten Informationen. Eine solche Differenzierung wird durch ein Baukasten-System erleichtert, bei dem das Gesamtkonzept aus einer Rahmenbroschüre und weiteren Heften mit in sich geschlossenen Themenbereichen besteht. Dieses System lässt sich dann problemlos erweitern, wenn Themen besonders aktuell werden (Kindeswohl, Partizipation, Kleidung und Wetter, Hygiene, Erziehungspartnerschaft u. v. a. m.). Auch wenn die Grundkonzeption zu solchen Themen bestimmt auch Kernaussagen trifft, können in den Extra-Ausgaben differenziertere und eingehendere Betrachtungen erfolgen.
Nicht zuletzt ist die Konzeption auch eine verpflichtende Festschreibung (auf Zeit) der vereinbarten Inhalte und Organisationsformen der Kindertagesstätte, die auch nach innen gerichtet ist. Damit der Alltag nicht so manches Vorhaben wieder zudeckt, finden alle MitarbeiterInnen, und dabei auch oder gerade die im Rahmen von Mitarbeiterfluktuationen neuen KollegInnen, transparente Informationen zu ihren Aufgabenbereichen.

Vertiefende Literatur:

- Groot-Wilken, B. (2015): Konzeptionsentwicklung in der Kita. Freiburg: Herder
- Krenz, A. (2013): Konzeptionsentwicklung in Kindertagesstätten. Braunschweig: Westermann

5.2.4 Zur Verbesserung von Organisation und Kommunikation

Die Kindertagesstätte ist eine vielschichtige Organisationsform früher Bildung, die sich, wie bereits an einer Reihe von Beispielen aufgezeigt, ständig weiterentwickeln muss, um ihren kontinuierlichen, z. T. aber auch sich wandelnden Aufgaben gerecht werden zu können. Sie bedient sich dabei allgemeiner Prinzipien der Organisationsentwicklung, die sie dann auf die eigne Organisation, die Kindertagesstätte, bezieht. Organisationsentwicklung kann (und muss manchmal) das Werk von ausgewiesenen Fachleuten sein, die unter Bezug auf unterschiedliche organisationstheoretische Konzepte (Grossmann, Skala 2002) Organisationen „durchforsten", Schwachstellen aufdecken und Lösungsvorschläge unterbreiten. Organisationsentwicklung ist aber auch eine ständige Aufgabe der Organisation selbst und ihrer Protagonisten, um ihre Funktionsfähigkeit und Angemessenheit im Auge zu behalten: die lernende Organisation.

Zu jeder lebendigen Organisation gehört ein Wandel, der dafür sorgt, dass sie mit den Aufgaben wächst, dass sie diese Aufgaben immer wieder diskutiert und neuen Bedingungen oder Zielvorstellungen anpasst. Jede Organisation unterliegt auch einem Wandel, der durch die Veränderung von äußeren Bedingungen (z. B. Finanzierungsgrundlagen, Nachfrageschwerpunkten oder Raumstrukturen) und/oder inneren Prozessen (Personalwechsel, Zieldefinitionen oder veränderte Methoden) hervorgerufen wird. Lebenswichtig für die Organisation ist es dann, dass so wenig wie möglich über sie hereinbricht und so viel wie möglich vorausschauend geplant, organisiert und gehandelt wird.

Auch wenn manches Mal ein kurzfristiges Krisenmanagement unausweichlich ist, ist der langfristige, geplante Wandel das Ziel der Organisationsentwicklung.

Organisationsentwicklung wird hier deshalb verstanden als ein möglichst gelenkter stetiger Veränderungs- und Anpassungsprozess, der die Effizienz im Hinblick auf die Zielsetzungen einer Initiative, die Wirtschaftlichkeit im Sinne des ökonomisch Machbaren und die Zufriedenheit und Kongruenz der handelnden und/oder verantwortlichen Personen in Einklang zu bringen versucht.

Dabei entspricht dieser Ansatz der Organisationsentwicklung dem entwicklungstheoretischen Konzept der Psychomotorik: „Fortschritt" kommt von „schreiten". Er ist Ergebnis von Bewegung und Veränderung. So wie das Laufen eines Kindes als das stetige Auffangen des Falles, als ein Wechsel von Labilität und Stabilität verstanden werden kann, sind Veränderung und Konsolidierung die Motoren der Organisationsentwicklung. Es reicht nicht aus, das System stabil zu halten.

Hilfreich ist die Vorstellung eines spiralförmigen Verlaufes (s. Abb. S. 123).

Es beginnt mit einer Diskussion und Festlegung von Zielen, die transparent gemacht und möglichst bei allen Beteiligten Bedeutung bekommen sollten. Auf der Grundlage einer Reflexion des Bestehenden wird das benannt, was diesen Zielen im Wege steht bzw. für sie eine gute Ausgangsbedingung schafft. In einer Mischung aus kurzfristig umsetzbaren, mittelfristig machbaren und langfristig anzustrebenden Handlungsperspektiven werden Maßnahmen konkret umrissen, umgesetzt und reflektiert. Diese Reflexion führt wiederum zur Veränderung und Ergänzung der Zielsetzungen.

Dies sieht natürlich in der Praxis oft anders aus: Nicht alles ist so stringent wie gewünscht, mancher Plan bleibt schon in Anfängen stecken oder erweist sich als Irrweg. Gerade deshalb ist es wesentlich, aus Erfahrungen zu lernen.

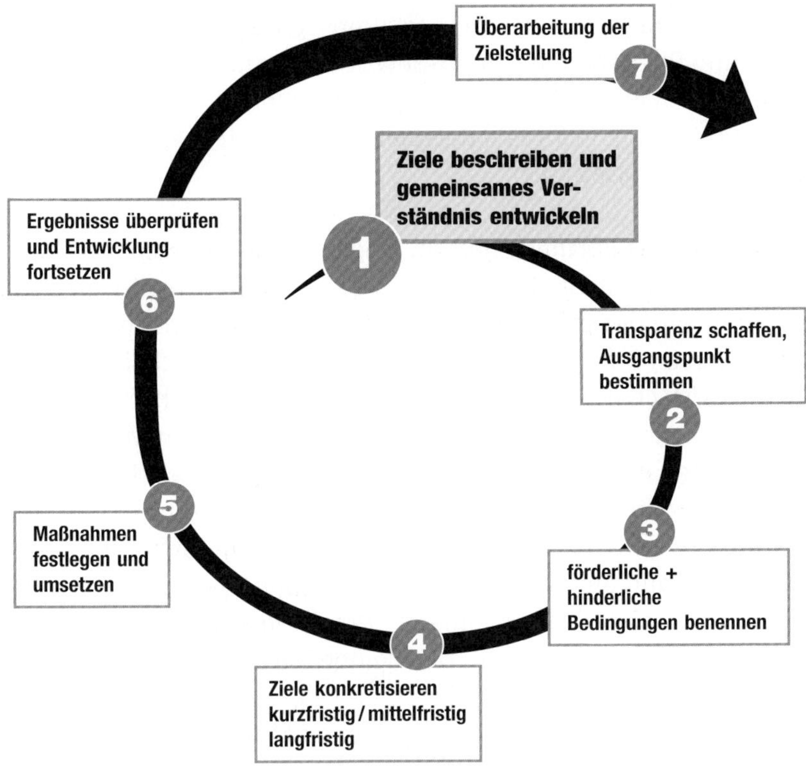

Grafik entnommen aus: Förderverein Psychomotorik Bonn (2010): Bewegungsspaß mit Wirkung.

Die vornehmlichen Ziele der Organisationsentwicklung in der Kita betreffen insbesondere die Verbesserung der Arbeitsabläufe sowie die Transparenz der pädagogischen Arbeit, für die eine gute Kommunikation der Ziele und Intentionen zwischen allen Beteiligten wesentlich ist. So ist die Umsetzung eines Zertifizierungsvorhabens dann besonders erfolgversprechend, wenn es vom Team, den Eltern und dem Träger verstanden und unterstützt wird.

Vertiefende Literatur:

- Grossmann R.; Skala K. (Hrsg. 2002): Intelligentes Krankenhaus.

Innovative Beispiele der Organisationsentwicklung in Krankenhäusern und Pflegeheimen. Wien-New York: Springer

- Mieth, C; Baier, J.; Buhl, M.; Freytag, T.; Iller, C. (2018): Organisationsentwicklung in Kitas – Beispiele gelungener Praxis. Hildesheim: Universitätsverlag

5

Organisation von Partnerschaften: Träger – Eltern – Team

Gemeinsamkeit macht stark. Das Wir-Gefühl des Teams ist eine wichtige Grundlage der erfolgreichen Kindertagesstätte, reicht aber nicht aus, um diesen Erfolg dauerhaft zu sichern. Träger sind nicht nur politisch und wirtschaftlich verantwortlich für die Bewirtschaftung der Einrichtung, sie sind auch ihr politischer Arm. Sie können Mittel für Projektaktivitäten ebenso akquirieren, wie auch im Bedarfsfall das Team stärken, in Schutz nehmen oder mit Ideen versorgen. Je besser die Beziehung zwischen Team und Trägerorganisation funktioniert, desto ungestörter kann die Einrichtung arbeiten. Größere Träger mit mehreren oder sogar vielen Einrichtungen organisieren die Zusammenarbeit zumeist über Fachberatungen, bei kleinen Trägern ist der direkte Kontakt möglich. Wichtig dabei ist in jedem Fall, Transparenz herzustellen und dem Gegenüber Einblick in die eigenen Motive, Bedingungen und Absichten zu gewähren.

Dies gilt ebenso für die Zusammenarbeit mit Eltern. Auch die Erziehungspartnerschaft von Eltern und ErzieherInnen lebt von Vertrauen und gegenseitiger Wertschätzung. Dies zu erreichen ist oft nicht einfach, aber wesentlich für die Kontinuität zwischen institutioneller und privater Erziehung. Im Interesse eines klaren und förderlichen Orientierungsrahmens für die Kinder darf es zu keinen voneinander getrennten, schlimmstenfalls gegeneinander arbeitenden Sozialisationsfeldern kommen. Wo dies gleichwohl der Fall ist, sind alle Anstrengungen hilfreich, diese Gegensätze abzubauen. Weder Desinteresse noch übergriffige Einmischung sind hilfreich, auch keine Abgrenzung von Wissenden und Unwissenden. Der Bedarf einer partnerschaftlichen Zusammenarbeit von Eltern und dem pädagogischen Team der Kindertagesstätte ist offensichtlich. Textor/Blank (1996) beschreiben kurz, aber treffend eine Liste förderlicher Grundhaltungen, die den Entwicklungsprozess einer Erziehungspartnerschaft maßgeblich beeinflussen:

- **Geduld**: Weder Erzieherinnen noch Eltern werden „Hurra“ schreien und sofort ihr Verhalten ändern, wenn Erziehungspartnerschaft eingefordert wird. Nur in kleinen Schritten kann das Ziel erreicht werden.
- **Akzeptanz**: Eltern und Erzieherinnen müssen die Bedeutung von Familie und Kindergarten für das Kind anerkennen. Beide Seiten leisten eine gute Erziehungsarbeit, wenn auch auf einem unterschiedlichen Reflexionsniveau. So sollten sie die pädagogischen Kompetenzen, das Wissen vom Kind und die Lebenserfahrung der jeweils anderen Seite anerkennen.
- **Toleranz**: Erzieherinnen und Eltern sollten die Werte, Normen, Persönlichkeitscharakteristika, Eigenheiten, Subkulturen usw. der jeweils anderen Seite respektieren. Beide Seiten müssen das Gefühl haben, von der jeweils anderen angenommen zu werden. Das bedeutet auch Zurückhaltung mit kritischen Äußerungen und Verurteilungen. Insbesondere gegenüber sozial schwachen, ausländischen oder „schwierigen“ Eltern ist Toleranz nötig.
- **Vertrauen**: Eltern und Erzieherinnen müssen einander vertrauen. Nur aus Vertrauen – eng verknüpft mit „Vertraulichkeit“ – wächst die Bereitschaft, sich für die andere Seite zu öffnen, Einblick gewähren zu lassen, auch über Probleme und Sorgen zu sprechen.
- **Kontaktfreude**: Erzieherinnen und Eltern sollten nicht warten, bis die jeweils andere Seite aktiv wird, sondern aufeinander zugehen. Dabei sind Grundformen der Höflichkeit zu beachten.
- **Dialogbereitschaft**: Nur im offenen Gespräch, im Dialog, finden Eltern und Erzieherinnen zueinander, lernen einander kennen und entwickeln Vertrauen zueinander. Beide Seiten müssen einander richtig zuhören – was gar nicht so einfach ist.
- **Offenheit für Ideen**: Erziehungspartnerschaft bedeutet auch, dass man keine festgefügte Meinung hat („So hat Familie-

nerziehung auszusehen!“, „Das ist die einzige richtige Form der Erziehung im Kindergarten!“). Niemand hat immer recht. Vielmehr sollten Eltern und Erzieherinnen immer bereit sein, neue Gedanken, Vorschläge, Gestaltungsmöglichkeiten, kritische Äußerungen usw. anzunehmen und zu reflektieren – was natürlich nicht bedeutet, dass man auch entsprechend handeln muss.

- **Veränderungsbereitschaft**: Erzieherinnen und Eltern sollten in der Lage sein, in der Begegnung miteinander ihre Werte, Einstellungen, Rollenleitbilder und Erziehungsvorstellungen im Hinblick auf Familie bzw. Kindergarten zu überdenken, Selbstkritik zu üben sowie ihr Denken und Handeln zu verändern.

Aus: Textor, M. R., Blank, B (1996): Elternmitarbeit: auf dem Wege zur Erziehungspartnerschaft. (S. 4–5)

Solche Grundhaltungen hat man nicht einfach so, sie müssen entwickelt werden. Auch das braucht Zeit. Es nicht getan mit der Umbenennung von Kindertagesstätten zu Familienzentren – aber die dahinter steckende Idee ist der richtige Ansatz.
Neben dem unmittelbaren Interesse einer Erweiterung und Verstetigung des Entwicklungsumfeldes der Kinder bietet die Einbindung von Eltern (und auch Großeltern) natürlich auch erweiterte Ressourcen für den pädagogischen Alltag. Denn im familiären Umfeld sammeln sich vielfältige persönliche Kompetenzen, die den Alltag der Kindertagesstätte hilfreich ergänzen können. Mit der Identifikation von Eltern mit der Einrichtung wächst die Bereitschaft, diese Kompetenzen, Hobbys oder Zeitkontingente einzubringen.

Vertiefende Literatur:

- Textor, M. R. (2018): Elternarbeit im Kindergarten. Ziele, Formen, Methoden. Norderstedt: Books on Demand, 3. Aufl.

Öffentlichkeitsarbeit und Kommunikation

Wer auch immer sich in der Kindertagesstätte engagieren soll, sie/er will und muss bestmöglich über die Einrichtung, deren Profil, Intentionen und Wünsche informiert sein. Natürlich gibt es dafür einen Bedarf, der über die beschriebene Konzeption hinausgeht und vor allem eine Teilhabe an konkreten und lebendigen Erlebnissen im Rahmen der pädagogischen Arbeit erlaubt. Es geht um Transparenz, um einen Einblick in alle Bereiche der Betreuungs- und Bildungsarbeit, die die Kindertagesstätte leistet.

Es geht aber auch um die Wirkungen, die sich mit einer sympatischen und angemessenen Darstellung der Kita-Realität erzielen lassen. Dies führt zu einer Reihe von W-Fragen, die für eine mittelfristige Planung der Öffentlichkeitsarbeit gestellt und diskutiert werden sollten.

Welches Bild von unserer Kindertagesstätte wollen wir zeichnen?
Dies ist vor allem eine Frage nach der Identität dieser einen Kindertagesstätte und dem Profil, das sich die Einrichtung geben will. Identitätsstiftende Momente ergeben sich z. B. durch die Ortslage, Historien der Umgebung, Zugehörigkeit zu einem Träger, weltanschauliche oder religiöse Ausrichtung. Das Profil verdeutlicht die zu erwartenden inhaltlichen Schwerpunkte, die dann auch mit der Realität der Kindertagesstätte übereinstimmen sollten, um Glaubwürdigkeitsprobleme zu vermeiden. Die „anerkannte psychomotorische Kindertagesstätte" ist eine Profilierung, die in einer psychomotorischen Praxis der Kita eingelöst sein will.
Profile und Identitäten sollten sorgfältig überlegt sein, denn sie sind „langzeitaktiv" und können nur schwer verändert werden. Günstig ist, wenn sie in ein Logo, ein schnell und eindeutig wiedererkennbares Zeichen (Bild und/oder Schriftzug) übertragen werden (s. Abb. S. 44).

Dieses Logo bleibt über alle Aktivitäten hinweg bestehen und macht die Herkunft klar und verlässlich. Welche Medien auch immer benutzt werden, sie sollten mit „einer Stimme" sprechen und wie „aus einem Guss" wirken. Auch wenn die Erstellung von Informationen am besten

Ein ansprechendes Logo der Kindertagesstätte Nettersheim-Zingsheim

auf alle Teamschultern verteilt wird, bleibt eine „Endredaktion" wichtig, die dafür sorgt, dass Widersprüche oder unklare Signale vermieden werden.

Welche Zielgruppen wollen wir erreichen und warum?
Hier sind erst einmal zwei Zielrichtungen zu identifizieren, die zwar auch Überschneidungen aufweisen, ansonsten aber unterschiedliche Interessenlagen widerspiegeln: Die interne Öffentlichkeitsarbeit richtet sich in erster Linie an MitarbeiterInnen, Eltern, Kinder und den

Träger, gewissermaßen den Nahbereich der Arbeit. Eine externe Öffentlichkeitsarbeit informiert die Peripherie: Nachbarn, Einwohner des Ortes (die ja auch als Eltern fungieren oder in Frage kommen), Amtspersonen, Kommunalpolitiker, Journalisten, Sponsoren ... Wie am Beispiel der Eltern gezeigt, können sich interne und externe Perspektiven im Einzelfall durchaus vermischen. Wenn es aktuell auch für Kindertagesstätten schwierig ist, geeignete MitarbeiterInnen zu finden, wird ein positives, aktives Bild von der Einrichtung für die Berufsentscheidung potentieller KandidatInnen förderlich sein. Im Fall einer örtlichen Konkurrenzsituation wird die Wahl des Kitaplatzes ebenso beeinflusst.

Welche Medien und Kommunikationsformen eignen sich für die jeweilige Botschaft am besten?

Hier gibt es dann eine reichhaltige Palette von Möglichkeiten, die entsprechend der anzusprechenden Zielgruppe und Intention ausgewählt werden sollten. Mit Klassikern wie „Tag der offenen Tür“ und Aktionen wie Großelterntag, Floh- und Adventsmarkt sind auch Einnahmeperspektiven verbunden. Liebevoll gestaltete Fotobücher, Kita-Zeitungen, kleine Video-Einblicke und andere Abhandlungen über pädagogische Projekte und Highlights interessieren nicht nur Eltern. So lassen sich diese Meilensteine der pädagogischen Arbeit auch über den Tag hinaus konservieren. Zusammen tragen sie nicht unerheblich zum Profil der Einrichtung bei.

Aber es fängt natürlich beim ersten Eindruck an:

Wie ist der Eingangsbereich der Kita gestaltet? Farbig, freundlich, einladend, offen ...?

Fühlt sich ein(e) BesucherIn angenehm berührt und willkommen?

Werden sie im Eingangsbereich durch übersichtliche Informationen „an die Hand genommen“, finden sie die für sie wichtigen oder hilfreichen Informationen?

Wer sind hier die AnsprechpartnerInnen ...?

Dieses erste Erscheinungsbild ist von enormer Bedeutung.

Auch für die dauerhafte Zusammenarbeit im Team, zwischen Team und Eltern ist eine klare Informationsbasis wesentlich. Weniger ist mehr, das gilt auch hier. Die Informationen sollten sich auf die wesentlichen und aktuellen Inhalte konzentrieren und an einem geeigneten, gleich-

bleibenden Ort zur Verfügung stehen. Eine „Elternecke" ist nicht nur in Phasen von Eingewöhnungszeiten hilfreich, sondern gibt auch kommunikative Impulse. Eltern sind dann auch die effektivsten Multiplikatoren.
Um eine breitere Öffentlichkeit zu erreichen, sollten die lokalen Medien wie Zeitungen, Regionalfunk etc. eingebunden werden. Da diese aber über eine Menge Themen berichten, müssen sie mit wenigen, übersichtlichen und gut strukturierten Informationen versorgt werden (hierfür gibt es einschlägige Hinweise z. B. im Internet). Hilfreich ist es, eindeutige AnsprechpartnerInnen bei den verschiedenen Medien anzusprechen, aber auch diese Beziehungen müssen wachsen.
Es sind in der Regel vor allem die Aktualitäten, die interessieren. Und die lassen sich mit modernen elektronischen Medien besser und aktueller darstellen, als mit Printmedien. Die aktuelle Homepage bietet den Blick aufs Ganze. Immer mehr Einrichtungen nutzen bereits auch ihre Smartphones und Tablets, um sich, das Team oder die Eltern mit Hilfe von spezifischen Apps auf dem Laufenden zu halten.

Vertiefende Literatur:

- Schiewe, K. (2012): Die eigene Einrichtung gut präsentieren. In: Kindergarten Heute – das Leitungsheft. Ausgabe 3/2012, S. 21–25; Freiburg: Herder
- Stamer-Brandt, P. (2010): Öffentlichkeitsarbeit in Kindergarten und Kita: entwickeln – durchführen – auswerten. Freiburg: Herder

5.3 Das Anerkennungsverfahren im Überblick

Ziel der psychomotorischen Zertifizierung ist die gelebte Qualität in der Kindertagesstätte. Das ist viel mehr als ein formeller Akt. Gleichwohl ist ein seriöses Anerkennungsverfahren der Objektivität, Transparenz und Nachvollziehbarkeit verpflichtet. Dabei muss es Raum lassen für die zum Teil sehr unterschiedlichen Voraussetzungen der einzelnen Einrichtungen.

5

Formell arbeitet das Anerkennungsverfahren folgende Schritte ab:

Phase 1

- Informationsgespräch: Sondierung der Ausgangslage
  - Ein/e Prozessbegleiter/in besucht auf Nachfrage des Trägers die Einrichtung, macht sich ein erstes Bild davon und bespricht die Bedingungen nach den Standards des IfaB[9].
  - Die Einrichtung stellt Unterlagen zur Verfügung:
    - Verbindungsdaten der Kindertagesstätte und des Trägers
    - Qualifikationsprofile der MitarbeiterInnen
    - Liste vorhandener Medien für MitarbeiterInnen, Eltern, Kinder
    - Konzeption (Schriftform, soweit vorhanden), vorhandenes Informationsmaterial zur Einrichtung und ihren Aktivitäten
    - Grundrisspläne oder -skizzen zu den vorhandenen Innen- und Außenräumen

---

9 Das Kürzel IfaB steht für das Institut für angewandte Bewegungsforschung im Förderverein Psychomotorik Bonn, das die hier beschriebene Zertifizierung vornimmt und legitimiert.

- 1-tägige Teamfortbildung: Motivation und Information des Teams zur Qualitätsentwicklung in der Kindertagesstätte

- Perspektivplanung: Der/die ProzessbegleiterIn unterbreitet schriftlich Vorschläge zur Weiterentwicklung der Einrichtung einschließlich einer genaueren Kostenplanung.
  - Auf der Grundlage der genannten Erstinformationen wird ein Inhalts- und Zeitplan für die erste Projektphase (bis zur Zertifizierung) erstellt. Diese Planung ist nicht als strikte Vorgabe, sondern als Diskussionsvorlage gedacht.
  - Die Vorschlagsliste kann als Standortbestimmung der Kindertagesstätte in Bezug auf die mit einer Zertifizierung verbundenen Qualitätsanforderungen dienen.

- Vereinbarungs- und Umsetzungsphase
  - Team, Träger und Prozessbegleitung einigen sich auf einen inhaltlichen und zeitlichen Entwicklungsplan, der dann beschlossen und miteinander vereinbart wird.
  - Die Vereinbarungen werden schriftlich festgehalten. Träger und Leitung der Kita sowie der/die ProzessbegleiterIn unterzeichnen eine gemeinsame Erklärung.

- Prozesssteuerung
  - Im Verlaufe der Umsetzungsphase, z. B. im Rahmen vereinbarter Teamfortbildungen, können weitere Bedarfssituationen augenfällig werden, in denen dann nachgesteuert werden sollte. So können zusätzliche Fortbildungen vereinbart oder auch materieller wie konzeptioneller Bedarf sichtbar werden.
  - In Zusammenarbeit mit dem/der ProzessbegleiterIn erfolgt von Zeit zu Zeit eine systematische Reflexion des Kita-Alltags an Hand der Standards und der geschlossenen Vereinbarungen.

Phase 3

- Evaluation/Audit
  - Abarbeitung des Maßnahmenplanes wird dokumentiert und nachgehalten. Ein/e AuditorIn des IfaB überprüft die Einhaltung der Standards.
  - Der Stand der Entwicklung wird bewertet (Punktesystem, das zur Vergabe von bis zu drei roten Bällen führt).

- Die Kindertagesstätte erfüllt die Voraussetzungen einer psychomotorischen Kita:
  - Das IfaB erkennt die Einrichtung als psychomotorisch (ein bis 3 rote Bälle) an und beurkundet dies.
  - Das Zertifikat wird für einen Zeitraum von 3 Jahren verliehen.
  - Als äußere Zeichen werden eine Urkunde und ein Eingangsschild für die Kita überreicht.

Das Anerkennungsverfahren in Stichworten

Anerkannt wird in dem abschließenden, unabhängigen Audit des IfaB neben einem erreichten Qualitätsstandard ein fortgeschrittener und fortschreitender Prozess, nicht ein Produkt. Dies schließt trotz einer gemeinsamen pädagogischen Grundlegung eine Vielfalt möglicher Ausprägungen der zertifizierten Einrichtungen ein.
Mit der Anerkennung verbunden ist die Ausstellung eines bewerteten Zertifikates auf drei Jahre. Das zum Aushang im Eingangsbereich der Kindertagesstätte bestimmte Zertifikat enthält verbindliche Angaben zur Laufzeit der Zertifizierung. Eine Verlängerung der Auszeichnung ist nach einer erneuten Überprüfung der genannten Kriterien vorgesehen. Die Kindertagesstätte macht mit einem durch das IfaB für den Anerkennungszeitraum verliehenen Zertifikat nach innen und außen auf die Anerkennung und ihren Arbeitsschwerpunkt aufmerksam. Dazu trägt das als Eingangsschild dienende Logo „Anerkannte psychomotorisch Kindertagesstätte“ bei.

5

Das Bewertungsverfahren

Im Rahmen eines vom IfaB durchgeführten Audits wird die Einrichtung im Anschluss an die Entwicklungsmaßnahmen in einem 25 Punkte-System in Hinblick auf die 4 genannten Anforderungsbereiche bewertet. Dabei entfallen auf die Bereiche folgende Maximalpunkte:

Personal	10 Punkte
Räumlichkeit	5 Punkte
Konzeption	5 Punkte
Organisation/Kommunikation	5 Punkte

Die Verteilung der Punkte wird transparent und nachvollziehbar nach den vereinbarten Standards vorgenommen. Dabei gilt es, den qualitativen Diskurs zu bewahren. Analog zu einer „Sterne-Klassifizierung" bei Restaurants etc. wird durch das Erreichen einer bestimmten Zahl von Bewertungspunkten eine Zertifizierung der Einrichtung als „Anerkannte psychomotorische Kindertagesstätte" erlaubt. Diese wiederum wird in drei Stufen mit bis zu drei roten Bällen differenziert, die dann auch auf der Urkunde vermerkt sind. Das Eingangsschild bleibt davon unberührt.

Das Erreichen einer Mindestpunktzahl von

18 Punkte führen zur
Bewertungsstufe 1 roter Ball

21 Punkte führen zur
Bewertungsstufe 2 rote Bälle

24 Punkte führen zur
Bewertungsstufe 3 rote Bälle.

5.4 Die Zertifizierung der Einrichtung für jeweils drei Jahre

Das Institut für angewandte Bewegungsforschung (IfaB) im Förderverein Psychomotorik Bonn erkennt Kindertagesstätten nach erfolgreichem Audit für jeweils drei Jahre als psychomotorische Einrichtungen an. Die jeweilige Laufzeit geht aus dem Zertifikat hervor, das im Eingangsbereich der Kindertagesstätte an gut sichtbarer Stelle ausgehängt werden soll.

Zertifizierung
„Psychomotorische Kindertagesstätte“

Das Familienzentrum Franziskusstraße der Stadt Stolberg wurde am 8. September 2012 mit dem Zertifikat „Psychomotorische Kindertagesstätte“ ausgezeichnet.

Mit der Zertifizierung wird eine hohe Qualität der Einrichtung bestätigt, die als Ausgangspunkt für weitere Entwicklungen dient.

Es wurden 22 von 25 möglichen Punkten erreicht.

Das Zertifikat „Psychomotorische Kindertagesstätte“ wird dem Familienzentrum Franziskusstraße hiermit für 3 Jahre zuerkannt.

Bonn, 8.9.2012

Rudolf Lensing-Conrady
Institut für angewandte Bewegungsforschung
im Förderverein Psychomotorik e.V.
Wernher-von-Braun Str. 3, 53113 Bonn,
0228 243394-0

Das Team der Kita Franziskusstraße freute sich bereits 2012 über die gelungene Zertifizierung, die inzwischen schon 2 Mal rezertifiziert wurde.

Wie geht es nach der erfolgreichen Zertifizierung weiter?
Natürlich feiert das Team diesen Erfolg und setzt seine Arbeit in Ruhe fort. Aber sie ruht sich nicht zu lange auf dem Erfolg aus. Der erreichte Qualitätsstand soll gehalten oder ggfs. weiter verbessert werden. Dabei gibt es sicherlich immer wieder Bereiche, die der Beobachtung und Bearbeitung bedürfen. In der Regel steht der/die ProzessbegleiterIn weiterhin für eine Beratung zur Verfügung. Allein die Fluktuation der MitarbeiterInnen schafft immer wieder Nachholbedarf, neue Chancen und neue Erfordernisse.

Etwa 18 Monate nach erfolgter Zertifizierung legt die Einrichtung einen schriftlichen Zwischenbericht vor. Die als Reflexionshilfe gedachte Checkliste ist im Anhang beigefügt. Auf der Grundlage einer zweiten Bestandsanalyse wird die Weiterentwicklung der Einrichtung für die nächsten Jahre projektiert.

Prozessbegleitung und Evaluation der Maßnahme sind mit denen des ersten Zeitraums identisch.

5.4.1 Rezertifizierung für weitere drei Jahre

Der Rhythmus von drei Jahren hat sich bewährt. Er soll der Einrichtung einerseits genügend Ruhe geben, andererseits den „Treibriemen" für die Weiterentwicklung immer in Bewegung halten.

5.4.2 Auslaufen des Siegels – Erlöschen des Zertifikates

Das Gütesiegel erlischt automatisch nach drei Jahren, wenn die Rezertifizierung nicht fristgerecht begonnen wird. Um flexibel auf etwaige Probleme reagieren zu können, kann der 3-Jahres-Zeitraum auf Antrag um ein weiteres Jahr verlängert werden.

5.4.3 Aberkennung des Siegels

Genügt eine zertifizierte Einrichtung dauerhaft nicht mehr den Kriterien des Gütesiegels, wird dieses nach einer schriftlich begründeten und

terminierten Frist aberkannt. Die betreffende Einrichtung ist verpflichtet, Urkunden und Eingangsschild zu entfernen.
Gründe für eine Aberkennung des Zertifikates sind in erster Linie

- Rückschritte in der Qualität der Anforderungsbereiche
- Fehlende Dokumentation und mangelnde Transparenz

5

5.5 Welche Kosten entstehen für die Einrichtung im Laufe der Zertifizierung?

Die Kosten für ein solches Zertifizierungsverfahren müssen sich in Hinblick auf die begrenzten Kapazitäten der Zielgruppe Kindertagesstätten selbstverständlich im wirtschaftlich absolut notwendigen Rahmen halten. Sie entsprechen dem tatsächlichen Zeitaufwand[10].
Eine auskömmliche Kostenstruktur liegt bei Grundkosten von etwa 2.300 Euro für die im Schnitt 2 Jahre dauernde Erstzertifizierung. Hinzu kommen die jeweiligen, zum Teil sehr unterschiedlichen Bedarfe im Bereich Mitarbeiterfortbildung und Raumgestaltung. In etwa sollten Kindertagesstätten mit folgender Kostenstruktur rechnen:

siehe Tabelle auf Seite 138

---

10 Stand Mai 2019

Maßnahme	angesetzter Zeitaufwand	Euro
Eingangsphase:		
1. Erstes Informationsgespräch in der Einrichtung	3 Std.	150,–
2. Auswertung, Sichtung der Unterlagen (Personalblatt, Konzeption, Infomaterial ...)	3 Std.	150,–
3. Die schriftlich formulierten „Vorschläge zur Weiterentwicklung der Einrichtung“	4 Std.	200,–
		500,–
Qualifizierungsphase:		
4. Eine praxisorientierte eintägige Teamfortbildung wird obligatorisch in jedem Anerkennungsverfahren verankert.		700,–
▪ Revision der Vorschläge zur Weiterentwicklung	2 Std.	100,–
5. Die Kosten der Beratungs- und Umsetzungsphase fallen je nach Ausgangslage und Aktivitätsfeldern unterschiedlich aus. Es werden im Bedarfsfall folgende Honorare angesetzt: ▪ Stundensatz von 50,– Euro ▪ Halbtag (3 Std.) 120,– Euro ▪ Tagessatz 300 Euro		NN
6. Organisationskosten, Steuerungsbedarf über den gesamten Zeitraum.	5 Std.	250,–
		1.050,–
Auswertung und Zertifizierung:		
7. Audit: Evaluation, Ergebnissicherung, Auswertung der Maßnahmen Besuch der Einrichtung, Klärungsbedarf	6 Std.	500,–
8. Träger-/Teamvereinbarungen	1 Std.	50,–
9. Gütesiegel: Überreichung Urkunde und Eingangsschild werden zum Selbstkostenpreis weitergegeben.	2 Std.	80,– 140,–
		770,–

Es entstehen also für die ersten drei Jahre Grundkosten in Höhe von insgesamt etwa ***2.320 Euro*** zzgl. Fahrtkosten.
Individuell unterschiedlich sind die weiteren Aufwendungen für Planungen, Umsetzungsmaßnahmen, Prozesssteuerung, Fortbildungen etc.

Die unter 1. bis 3. angeführten Aufwendungen (***500 Euro***) sind als Vorkosten bis zur Entscheidung anzusehen, ob die Einrichtung den vorgeschlagenen Weg gehen will. Eine vorläufige umfassende Kostenaufstellung erfolgt in den oben unter 3. genannten Vorschlägen.

Die mit einer Teamfortbildung beginnende Umsetzungsphase wird insgesamt mit ***1.050 Euro*** veranschlagt, zu denen die individuell anfallenden Kosten für Entwicklungsmaßnahmen und Qualifikationen hinzukommen.

Nach drei Jahren erfolgt eine Evaluation auf der Grundlage eines erneuten Audits mit Besuch der Einrichtung sowie Sichtung der belegbaren Umsetzung der Maßnahmenplanung. Die Träger- und Teamvereinbarungen sowie die Überreichung von Urkunde und Eingangsschild schließen sich an. Es fallen hier Kosten von insgesamt ***770 Euro*** an.

Über die genannten Aufwendungen hinaus werden tatsächlich angefallene Fahrtkosten in Rechnung gestellt (0,35 Euro je gefahrener Kilometer; angemessene Zeitpauschale bei Entfernungen über 100 km).

6. Beratung, Begleitung und Unterstützung im Zertifizierungsprozess

Eine Zertifizierung ist ein begleiteter Prozess. Jeder Einrichtung, die sich auf den Weg zur zertifizierten Kindertagesstätte machen möchte, wird eine Fachberaterin / ein Fachberater zur Seite gestellt. In allen genannten Bereichen zeigen diese ausgebildeten und zertifizierungserfahrenen Fachleute (z. B. der Rheinischen Akademie) Wege und Hilfen zur Umsetzung der Zielvorstellungen auf. Die Anerkennung als psychomotorische Einrichtung ist aber nicht daran gebunden, dass auf diese Hilfen zurückgegriffen wird. Obligatorisch ist nur ein Teamtag, der als praxisorientierter Fortbildungstag dazu beitragen sollte, dass sich das gesamte Team engagiert und motiviert hinter dem psychomotorischen Zertifizierungsgedanken versammelt.
Im Bedarfsfall aber vermittelt der/die BeraterIn darüber hinaus sowohl Informationen über individuelle Fortbildungsangebote als auch geeignete Teamfortbildungen für die Weiterentwicklung eines Themenzusammenhangs. Er/Sie kann zur Team- und Organisationsentwicklung beitragen, Vorschläge zur Raumentwicklung und -gestaltung machen, an der Überarbeitung der Konzeption mitwirken oder die Organisationsentwicklung verbessern helfen – je nachdem, wie die Dinge liegen. Über die Schritte und Maßnahmen zur Zertifizierung wird eine schriftliche Vereinbarung zwischen dem/der ProzessbegleiterIn sowie dem Träger und Team der Einrichtung getroffen. Gleichzeitig wird eine Zeitschiene verabredet, in der das Ziel einer Zertifizierung erreicht werden kann und soll.

6.1 Ausbildung von ProzessbegleiterInnen und AuditorInnen – Zertifizierung der ZertifiziererInnen

Von ProzessbegleiterInnen wie AuditorInnen wird ein hohes Maß an persönlichen und fachlichen Qualitäten erwartet. Die fachgerechte Leitung eines Zertifizierungsprozesses wird nur aufgrund breiter Erfahrungen im Praxisfeld Kindertagesstätte sowie mit fundierten Kenntnissen in den verschiedenen Anforderungsbereichen möglich sein. Dies gilt für die Beratungsebene und die Beurteilungsebene gleichermaßen, wenn auch mit unterschiedlichem Aufgabenschwerpunkt.

ProzessbegleiterInnen wie AuditorInnen müssen zum einen in der Lage sein, die jeweils unterschiedlichen Situationen der Einrichtungen nachfühlen und sich auf die handelnden Personen der Kindertagesstätte einstellen zu können. Für eine gedeihliche Zusammenarbeit sind persönlich Kompetenzen wie Einfühlungsvermögen, Aufgeschlossenheit, Wertschätzung, Aufmerksamkeit oder Teamfähigkeit ebenso von Bedeutung wie Klarheit, Standhaftigkeit und Entscheidungsfähigkeit. Sie müssen zum zweiten das Berufs- und Handlungsfeld „Kindertagesstätte" in allen Anforderungsbereichen kennen. Ob Teamqualifikationen, Raumberatungen, Konzeptionserarbeitung, Trägereinbindung oder Öffentlichkeitsarbeit, zu zertifizierende Einrichtungen dürfen in allen diesen Bereichen Informationen und Hilfestellungen erwarten.

Solch hohe Anforderungen machen eine Auswahl und Ausbildung notwendig, die das Institut für angewandte Bewegungsforschung in Zusammenarbeit mit der Rheinischen Akademie im Förderverein Psychomotorik Bonn leisten. Neben ihren vorhandenen Qualitäten und Kenntnissen durchlaufen alle Beratenden Qualifikationskurse in den besonders relevanten Themenfeldern. Dieses Qualifizierungsverfahren befähigt die Prozessbegleitenden, die Zertifizierungsbemühungen in Zukunft zu flankieren, und versetzt AuditorInnen in die Lage, die Ergebnisse beurteilen zu können. Dabei soll durch einen gleich hohen Informationsstand sowie die Schulung im Bewertungsverfahren unterschiedlichen Bewertungen bei gleichem Sachverhalt vorgebeugt werden.

InteressentInnen für eine Zertifizierungsausbildung als BeraterIn und/ oder AuditorIn werden zu einem Bewerbungsgespräch eingeladen. Auf dieser Grundlage erfolgt eine Zulassung zu diesem Qualifizierungsangebot. Die Qualifizierungsmaßnahme wird über die Rheinische Akademie angeboten und findet an drei Wochenenden statt. Sie hat folgende, auf den vorliegenden individuellen Kenntnissen aufbauende Inhalte:

- Qualitätsmanagement in der Kita
- Grundlagen und Strukturen von Zertifizierungsverfahren
- Zielsetzungen und Sinnhaftigkeit von Qualifizierungsverfahren
- Zertifizierung „Anerkannte psychomotorische Kindertagesstätte“
- Psychomotorische Standards in der Kita
- Anforderungsbereich Personal
- Anforderungsbereich Raum
- Anforderungsbereich Konzeption
- Anforderungsbereich Organisation und Kommunikation
- Leitlinien des Qualifizierungsverfahrens: Bestandserhebung, Beratung, Qualifizierung, Bewertung, Anerkennung

6

6.2 Die ProzessbegleiterInnen – Aufgaben der Begleitung und Beratung im Zertifizierungsprozess

Dieser Leitfaden soll alle im Zusammenhang von Zertifizierungen einer Kindertagesstätte interessierten Menschen informieren und begleiten. Er kann aber die der Situation vor Ort angepasste Beratung nicht ersetzen. Aufgrund der oben beschriebenen Qualitätskriterien wird klar, dass die fachgerechte Leitung eines Zertifizierungsprozesses nur aufgrund breiter Erfahrungen im Praxisfeld Kindertagesstätte sowie mit fundierten Kenntnissen mindestens in den genannten vier Anforderungsbereichen möglich ist. Dies gilt für die Beratungsebene und die Beurteilungsebene gleichermaßen, wenn auch mit unterschiedlichem Aufgabenschwerpunkt.

6

Aufgaben der Beratung im Zertifizierungsprozess:

- Kennenlernen der einzelnen Einrichtung, des Teams, des Trägers etc.
- Sichtung der Unterlagen zu Team, Raum, Konzept, (Eltern-) Information etc.
- Durchführung eines praxisorientierten Teamtages
- Erstellen eines Entwicklungsvorschlages in den einzelnen Anforderungsbereichen
- Diskussion dieser Vorschläge im Team; Vereinbarung eines Entwicklungskonzeptes
- Prozessbegleitung, Unterstützung des Teams, Sichtung weiteren Bedarfes
- Vermittlung von Erfahrungen, Informationen, Fortbildungsmöglichkeiten etc.
- Einschätzung der Ergebnisse; internes Audit; „Endkontrolle“
- Vorbereitung und Beantragung des Audits
- Zusammenstellen von Referenzunterlagen für den/die AuditorIn
- Nachbereiten des Audits
- Weitere Begleitung der Einrichtung je nach Bedarf
- Begleitung des Rezertifizierungsprozesses

Um dieses komplexe Kompetenzprofil zu vermitteln, bietet die Rheinische Akademie im Förderverein Psychomotorik Bonn entsprechende Qualifikationskurse an und sorgt für einen regelmäßigen Informationsaustausch der ausgebildeten BeraterInnen. Nicht zuletzt werden die

Erfahrungen bislang zertifizierter Einrichtungen zu einer praxisnahen Weiterentwicklung zusammengetragen.

6.3 AuditorInnen – Das Audit als Erfassungssystem für das erreichte Qualitätsniveau

6

Das Audit ist eine unabhängige Überprüfung des erreichten Niveaus im Qualitätsmanagment. In der entsprechenden DIN-Norm (ISO 19011) wird das Audit als „systematischer, unabhängiger und dokumentierter Prozess zur Erlangung von Auditnachweisen und zu deren objektiver Auswertung, um zu ermitteln, inwieweit die Auditkriterien erfüllt sind" (Abschnitt 3.1.), definiert.
Die Systematik besteht in einer genauen und mit allen Beteiligten im Vorfeld abgesprochenen Vorplanung von Inhalten, Zeitpunkt und Dauer sowie Ablauf des Audit-Verfahrens. Es richtet sich aus an definierten Auditkriterien. Im Rahmen des Audits wird vor Ort geprüft, ob die Kindertagesstätte die in Bezug auf die Qualitätsstandards vereinbarten Maßnahmen, Veränderungen und Vorhaben in die Praxis umgesetzt hat. Das Audit wird von fachkompetenten Personen durchgeführt, die nicht in das zu auditierende Handlungsfeld unmittelbar eingebunden oder dafür verantwortlich sind. So wird eine Auditorin nicht eine Einrichtung überprüfen und bewerten, in der sie selbst tätig ist oder in der sie Beratungsleistungen erbracht hat. Dies sichert die Unabhängigkeit des Verfahrens.

Auditergebnisse werden in einem Bericht dokumentiert und der auditierten Einrichtung zur Kenntnis gebracht. Eine Dokumentation der Auditergebnisse trägt zum einen zu ihrer Transparenz bei. Zum anderen bietet sie den Hintergrund für darauf aufbauende und weiterführende Diskussionen, etwa zur weiteren Verbesserung der psychomotorischen Ausrichtung der Kita oder auch zur Aufrechterhaltung des Zertifikates. Das Audit liefert eine Gelegenheit, weitergehenden Korrekturbedarf und Verbesserungsmöglichkeiten zu erkennen. Diesem Ziel dienen auch interne Audits, wie sie weiter oben im Zusammenhang der Beratung besprochen wurden.

Das Audit wird in Einschätzung des erreichten Qualitätsniveaus vom/von der BeraterIn beim Institut für angewandte Bewegungsforschung als zertifizierende Einrichtung empfohlen und von der Kindertagesstätte selbst beantragt. AuditorInnen sind wie oben beschrieben Fachleute, die wie die BeraterInnen die Kita-Praxis kennen, aber nicht mit dem Entwicklungsprozess selbst befasst waren.

Sie nehmen die Bewertung entsprechend der vorgenannten Anforderungen und Entscheidungskriterien (Auditkriterien) vor. Dabei ist folgende Reihenfolge von Auditschritten vorgesehen:

- Auditvorbereitung anhand der Referenzunterlagen (zum Beispiel Informationen zur Trägerschaft, zu MitarbeiterInnen sowie deren Tätigkeitsbereiche und Qualifikationen, Pläne/Skizzen der Innen- und Außenräume, Konzeption der Kindertagesstätte ...)
- Erstellen/Erweitern der Auditfragenliste, einer Auditcheckliste, die die Punkte enthält, die im Audit hinterfragt werden, und auf den oben genannten Kriterien einer psychomotorischen Kindertagesstätte basiert
- Einführungsgespräch mit dem Team der Kindertagesstätte
- Audit-Interview vor Ort
- Überprüfung der Sachinformationen anhand der Checklisten
- Auditfeststellung: Protokollierte Einordnung der Beobachtungen in Bezug auf die Standards: konform, tolerierbar, abweichend?
- Abschlussgespräch: Einordnung und Erläuterung der Beobachtungen und Auditfeststellungen, zusammenfassende Bewertung
- Erstellen des Auditberichts: In einem schriftlichen Auditbericht werden alle positiven und negativen Feststellungen des

Audits festgehalten. Damit wird das Ergebnis transparent und diskutierbar. Im Falle einer Negativbewertung können die AuditorInnen Hinweise geben, wie beanstandete Bereiche verbessert werden können

- Empfehlung der Zertifikatserteilung

AuditorInnen bekommen dafür Hilfsmittel an die Hand, wie:

- Ablaufplanung; Zeitplan
- Referenzunterlagen
- Auditfragenkataloge entsprechend der Checklisten zu den Qualitätsstandards
- Qualitätsstandards
- Bewertungsklassifizierung

Verstecken hilft hier nicht ... 

7. Fazit

Mit diesem Leitfaden liegt erstmals ein praktiziertes und erfahrungsgetragenes Konzept zur Zertifizierung einer Kita als „Anerkannte psychomotorische Kindertagesstätte“ vor.
Die Möglichkeit, sich als Einrichtung mit einem psychomotorischen Profil zertifizieren zu lassen, hat sich in den letzten 10 Jahren bewährt und herumgesprochen. Interessierte Nachfragen zeigen die zunehmende Aufmerksamkeit an, die im Übrigen mit dem weiter steigenden Interesse an Psychomotorik als wesentlichem Bestandteil des Erziehungskonzeptes korrespondiert.

Die Erfahrungen bislang zertifizierter Einrichtungen wurden in einer Befragung ermittelt. In Verbindung mit der Frage, ob sich denn die mit einer Zertifizierung verbundenen Erwartungen der Kindertagesstätten erfüllt haben, geben die Aussagen klare Hinweise darauf, dass dieses Verfahren als hilfreich, weiterführend und sinnvoll erlebt wird. Einige Stimmen aus den befragten Einrichtungen belegen dies:

- Die Zertifizierung hat allen Teammitgliedern gleichermaßen verdeutlicht, wie wichtig das Halten und Verbessern unserer Qualitätsstandards ist. Die wiederholte Rezertifizierung führt immer wieder zu einer Überprüfung, Überarbeitung und Anpassung der Konzeption. Sie weist uns auf Neuerungen hin, die in die Konzeption einzupflegen sind.
- Mit den laufenden Bemühungen um eine Zertifizierung/Rezertifizierung bleiben wir in Bewegung.
- Das zieht sich wie ein roter Faden durch die letzten Jahre und die Arbeit: Das Team bewegt sich. Wir sehen uns nun mehr als Impulsgeber und Begleiter. Dieses Bild hat sich immer mehr verinnerlicht.
- Durch die Psychomotorik ist unser Team im regen Austausch bezüglich neuer Ideen. Teamfortbildungen bringen uns Wissensgewinn und Spaß, fördern darüber unseren Teamspirit.
- Die Arbeit mit den Kindern und auch unser Bild vom Kind haben sich durch die Psychomotorik positiv verändert. Durch

die Psychomotorik haben wir einen neuen Zugang zu den Kindern erhalten, den wir so gar nicht erwartet haben.

- Die Ideen und Verbesserungsvorschläge für unser Raumkonzept haben dazu geführt, dass wir nun schon über Jahre regelmäßig unser Raumprogramm und unsere Raumgestaltung auf Verbesserung bzw. Instandhaltung prüfen.
- Mit unserm Schwerpunkt „Psychomotorik“ haben wir ein Alleinstellungsmerkmal zu den vielen Bewegungskindergärten auf dem Kita-Markt gefunden, der in hohem Maße unseren pädagogischen Anspruch und unsere Qualität widerspiegelt.
- Anfänglich war es sehr schwer, Eltern von der psychomotorischen Arbeit zu überzeugen. Erst mit dem Entschluss, ein „Fest der Psychomotorik“ zu organisieren, um die Inhalte der Psychomotorik auch für Eltern erlebbar zu machen und so zu verstehen, war der Bann gebrochen. Jetzt wird das Fest jedes Jahr gemeinsam mit den Eltern vorbereitet und organisiert. Daran nehmen fast alle Eltern und Kinder mit Begeisterung teil.

Erfahrungen aus zertifizierten Einrichtungen

Für die Ausweitung des Konzeptes sprechen die genannten positiven Erfahrungen der bislang zertifizierten oder sich im Zertifizierungsprozess befindenden Kindertagesstätten ebenso, wie die wachsende Bedeutung des psychomotorischen Konzeptes insgesamt. Die dann ebenfalls erweiterten Erfahrungen mit dem Zertifizierungskonzept, die Rückmeldung der Kindertagesstätten, der ProzessbegleiterInnen und AuditorInnen werden Anhaltspunkte bieten, es weiter zu verbessern.

8. Literatur

Ansorge, U.; Leder, H. (2016): Wahrnehmung und Aufmerksamkeit – Basiswissen Psychologie. Wiesbaden: Springer

Ayres, A. J. (2002): Bausteine der kindlichen Entwicklung. Heidelberg: Springer

Beins, H. J. (1993): Das große, kecke Zeitungsblatt – Alltagsmaterialien in der psychomotorischen Entwicklungsförderung, in: Praxis der Psychomotorik 18 (1), 46–50

Beins, H. J. (1994): Gedanken zur Zeit oder Zollstöcke in der Psychomotorik. In: Praxis der Psychomotorik 19 (1), 29–30

Beins, H. J. (Hrsg.) (2007): Kinder lernen in Bewegung. Dortmund: *BORGMANN MEDIA*

Beins, H. J.; Cox, S. (2011): Die spielen ja nur. Psychomotorik in der Kindergartenpaxis. Dortmund: borgmann publishing

Beins, H. J.; Lensing-Conrady, R.; Wolf, G. (2017): Von Sinnen. Impulse und Interventionen für Meetings, Workshops, Konferenzen. Ein Methodenbuch. Dortmund: verlag modernes lernen

Beudels, W.; Lensing-Conrady, R.; Beins, H. J. (2019): ... das ist für mich ein Kinderspiel. Handbuch zur psychomotorischen Praxis. Überarbeitete Neuauflage, Dortmund: verlag modernes lernen

Beudels, R.; Kleinz, N.; Schönrade, S. (Hrsg.) (2010): Bildungsbuch Kindergarten. Erziehen, Bilden und Fördern im Elementarbereich. Dortmund: *BORGMANN MEDIA*

Beudels, W. (2006): Alte Hüpf- und Hinkespiele neu entdeckt. In: Sportpädagogik (1), 13–22

Beudels, W. (2006): Kinder im Gleichgewicht – Rollen als Element der Gleichgewichtsförderung. In: Pantel, G. (Hrsg.): Fürsorge und Aufsicht in Kindergärten und Kindertagesstätten. Ratgeber Sicherheit. Berlin: Raabe

Beudels, W. (2016): Bewegung als Medium des Lernens. In: Fischer, K. et al. (Hrsg.): Bewegung in der frühen Kindheit. Fachanalyse und Ergebnisse zur Aus- und Weiterbildung von Fach- und Lehrkräften. Wiesbaden: Springer, 47–60

Beudels, W.; Anders, W. (2018): Wo rohe Kräfte sinnvoll walten. Ringen, Rangeln und Raufen in Pädagogik und Therapie. Dortmund: borgmann publishing

Beudels, W.; Beins, H. J. (2019): Spielen. In: Voss, A. (2019): Bewegung und Sport in der Kindheitspädagogik. Ein Handbuch. Stuttgart: Kohlhammer

Beudels, W.; Diehl, U.; Böcker-Gianinni, N. (2019): Bewegungsförderung in der inklusiven Kita. München: Reinhardt

Beudels, W.; Hülshoff, N.; Delker, K. (1997) (Hrsg.): Außer Rand und Band – WenigKostenvielSpaß-Geschichten mit Alltagsmaterialien. Dortmund: borgmann publishing

Bielefeld, J. (1991): Körpererfahrung. Ein Beitrag zur Bewegungserziehung. Göttingen: Hogrefe

Bock-Famulla, K., Strunz, E., Löhle, A.: Länderreport Frühkindliche Bildungssysteme 2017, Verlag Bertelsmann Stiftung

Diekhof, M. (2017): Kita KITOPIA. Eine Reise ins Land der spannenden Pädagogik für PädagogInnen und Eltern – Ein Abenteuer-Fachroman der ganz besonderen Art. Dortmund: verlag modernes lernen

Esser, M. (2000): Beweg-Gründe, Psychomotorik nach Bernhard Aucouturier. München: Reinhardt 1992

Fischer, K. (2008): Bewegung als Erkundungsaktivität. In: Motorik 31 (4), 174–179

Fischer, K. (2009): Einführung in die Psychomotorik. München: UTB Reinhardt-Verlag

Förderverein Psychomotorik Bonn e. V. (2010): Bewegungsspaß mit Wirkung. Erfahrungen und Perspektiven der psychomotorischen Förderung. Dortmund: borgmann publishing

Fluegelman, A.; Tembeck, S. (1981): New Games – Die neuen Spiele. Berlin: Ahorn

Gebhard, U. (2005): Kind und Natur. Die Bedeutung der Natur für die psychische Entwicklung. Wiesbaden: Verlag für Sozialwissenschaften

Groot-Wilken, B. (2015): Konzeptionsentwicklung in der Kita. Freiburg: Herder

Grossmann R., Skala K. (Hrsg. 2002): Intelligentes Krankenhaus. Innovative Beispiele der Organisationsentwicklung in Krankenhäusern und Pflegeheimen. Wien-New York: Springer

Haug-Schnabel, G.; Bensel, J. (2006): Kinder unter 3 – Bildung, Erziehung und Betreuung von Kleinstkindern. Kindergarten heute, Spezial. Freiburg: Herder

Hölter, G. (Hrsg.) (1988): Bewegung und Therapie – interdisziplinär betrachtet. Dortmund: verlag modernes lernen

Huber, G.; Rieder, H.; Neuhäuser, G. (1990): Psychomotorik in Therapie und Pädagogik. Dortmund: verlag modernes lernen

Hüter, G. (2010): Anleitung für das menschliche Gehirn. Göttingen: Vandenhoeck & Ruprecht

Irmischer, T.; Fischer, K. (Red.) (1989): Psychomotorik in der Entwicklung. Zur Emeritierung von Prof. Dr. Ernst J. Kiphard. Schorndorf: Hofmann

Jäger, P.; Jebsen, K. (1995): Bei jedem Wetter draußen. Ohne Dach und ohne Wände: Der Flensburger Waldkindergarten. In: Spielraum, Heft 2 109–111

Jacoby, E.; Berner, R. S. (2012): Himmel, Hölle, Blindekuh – Spiele für drinnen und draußen. München: dtv

Jost, M.; Beins, H. J (2015): Bewegung und Spiel für die Kleinsten. Psychomotorik für Kinder von 1–4 Jahren. Dortmund: *BORGMANN MEDIA*

Kiesling, U. (2017): Sensorische Integration im Dialog. Verstehen lernen und helfen, ins Gleichgewicht zu kommen. Dortmund: verlag modernes lernen

Kiphard, E. J. (2009): Motopädagogik. Dortmund: verlag modernes lernen

Köckenberger, H. (2010): Rollbrett, Pedalo und Co – Bewegungsspiele mit Material aus Psychomotorik, Sport und Freizeit.: Dortmund: *BORGMANN MEDIA*

Konieczny, M. (2018): Hunde im Kindergarten. Ein Tierbesuchsprojekt nicht nur für Vorschulkinder – Praktische Anleitung zur tiergestützten Arbeit. Dortmund: *BORGMANN MEDIA*

Krenz, A. (2001): Teamarbeit und Teamentwicklung. Grundlagen und praxisnahe Lösungen für eine effiziente Zusammenarbeit. Wehrheim: Verlag gruppenpädagogische Literatur.

Krenz, A. (2012): Das Spiel ist der Beruf der Kinder – Die entwicklungs- und bildungsprägende Bedeutung des Kinderspiels. In: Hunger, I./Zimmer, R.: Frühe Kindheit in Bewegung. Schorndorf: Hofmann

Krenz, A. (2013): Konzeptionsentwicklung in Kindertagesstätten. Braunschweig: Westermann

Krus, A. (2004): Mut zur Entwicklung. Das Konzept der psychomotorischen Entwicklungstherapie. Schorndorf: Hofmann

Kuhlenkamp, S. (2017): Lehrbuch Psychomotorik. München: Reinhardt

Kükelhaus, H,; zur Lippe, R. (2008): Entfaltung der Sinne. Ein Erfahrungsfeld zur Entfaltung der Sinne. Wiesbaden: Schloss Freudenberg

Lange, U.; Stadelmann, T. (2001) Das Paradies ist nicht möbliert. Räume für Kinder. Neuwied-Berlin: Luchterhand

Lange, U.; Stadelmann, Th. (2017): Kunst ohne Dach. Künstlerisches Arbeiten im Freien. Weimar: Verlag das Netz

Lensing-Conrady, R. (1990): SchülerInnen „sehen" lernen. Unterrichtsintegrierte Diagnostik und psychomotorische Entwicklungsförderung als präventives Konzept für den Primarschulbereich. In: Praxis der Psychomotorik 15 (3), 176–183

Lensing-Conrady, R. (2001): Von der Heilsamkeit des Schwindels – Gleichgewichtswahrnehmungen als Motor für Entwicklung und Lernen. Dortmund: borgmann publishing

Lensing-Conrady, R. (2015): Mathe bewegt. Vom Körperraum zum Zahlenraum. Dortmund: verlag modernes lernen

Lensing-Conrady, R. (2018): Zertifizierung „anerkannte psychomotorische Kindertagesstätte" in: Praxis der Psychomotorik, Dortmund, Heft 2/2018, S. 95–104

Louv, R. (2011): Das letzte Kind im Wald. Weinheim-Basel: Beltz

Michael-Hagedorn, R.; Freiesleben, K. (1999): Kinder unterm Blätterdach. Walderlebnisse planen und gestalten. Dortmund: borgmann publishing

Miedzinski, K.; Fischer, K. (2009): Die neue Bewegungsbaustelle. Lernen mit Kopf, Herz Hand und Fuß. Dortmund: *BORGMANN MEDIA*

Mieth, C; Baier, J.; Buhl, M.; Freytag, T.; Iller, C. (2018): Organisationsentwicklung in Kitas – Beispiele gelungener Praxis. Hildesheim: Universitätsverlag

Ministerien für Schule und Bildung sowie Kinder, Familie, Flüchtlinge und Integration des Landes NRW (2018) Bildungsgrundsätze für Kinder von 0–10 Jahren. Freiburg: Herder

Müller, E (1983): Du spürst unter deinen Füßen das Gras. Autogenes Training in Phantasie und Märchenreisen. Frankfurt: Fischer

Nienkerke-Springer, A.; Beudels, W. (2013): Komm, wir spielen Sprache! Handbuch zur Entwicklungsförderung sprach- und stimmauffälliger Kinder. Dortmund: borgmann publishing

Passolt, M.; Pinter-Theiss, V. (2013): „Ich hab' eine Idee ..." – Psychomotorische Praxis planen, gestalten, reflektieren. Dortmund: verlag modernes lernen

Petermann, U. (2014): Entspannungstechniken für Kinder und Jugendliche: Ein Praxisbuch. Weinheim: Beltz

Pikler, E. (2001): Laßt mir Zeit. Die selbständige Bewegungsentwicklung des Kindes bis zum freien Gehen. München: Pflaum

Sächsisches Staatsministerium für Kultus / Sächsische Landesvereinigung für Gesundheitsförderung (2018): Bildungsraum Garten. Naturnahe Außenräume in Kindertageseinrichtungen und Kindertagespflege. Dresden

Schäfer, G.; Alemzadeh, M.; Eden, H. Rosenfelder, D. (2009): Die Natur als Werkstatt. Weimar: Verlag das Netz

Schiewe, K. (2012): Die eigene Einrichtung gut präsentieren. In: Kindergarten Heute – das Leitungsheft. Ausgabe 3/2012, S. 21–25; Freiburg: Herder

Schönrade, S. (2001): Kinderräume – Kinderträume ... oder wie Raumgestaltung im Kindergarten sinnvoll ist. Dortmund: borgmann publishing

Späker, T. (2009): Psychomotorik in der Natur: Eine Abgrenzung und Einordnung. Praxis der Psychomotorik, 34 (3)

Späker, T. (2017): Natur – Entwicklung und Gesundheit. Handbuch für Naturerfahrungen in pädagogischen und therapeutischen Handlungsfeldern. Baltmannsweiler: Schneider Verlag Hohengehren

Stamer-Brandt, P. (2010): Öffentlichkeitsarbeit in Kindergarten und Kita: entwickeln – durchführen – auswerten. Freiburg: Herder

Textor, M. R.; Blank, B. (1996): Elternmitarbeit: auf dem Wege zur Erziehungspartnerschaft. Aus: Textor, M. (Red.): Elternmitarbeit: auf dem Wege zur Erziehungspartnerschaft. München: Bayrisches Staatsministerium für Arbeit und Sozialordnung, Familie, Frauen und Gesundheit

Textor, M. R. (2018): Elternarbeit im Kindergarten. Ziele, Formen, Methoden. Norderstedt: Books on Demand, 3. Aufl.

Thiesen, P. (2013): Konzentration und Aufmerksamkeit entspannt fördern. Freiburg: Lambertus

Unfallkasse NRW (2010): Sicher bilden und betreuen – Gestaltung von Bewegungs- und Bildungsräumen für Kinder unter 3 Jahren, Düsseldorf

Ungerer-Röhrig, U. (Hrsg. 2011): Bewegungsförderung. Kindergarten heute, Themenheft. Freiburg: Herder

Vahle, F. (2010): Sprache mit Herz, Hand und Fuß. Weinheim und Basel

Van der Beek, A.; Buck, M.; Rufenbach, A. (2001): Kinderräume bilden. Ein Ideenbuch für Raumgestaltung in Kitas. Weinheim-Basel: Beltz

Vetter, M.; Kuhnen, U.; Lensing-Conrady, R. (2008): Riskids – wie Psychomotorik hilft, Risiken zu meistern. Dortmund: borgmann publishing

Zimmer, R. (2002): Schafft die Stühle ab. Freiburg: Herder

Zimmer, R. (2012): Handbuch der Sinneswahrnehmung: Grundlagen einer ganzheitlichen Bildung und Erziehung. Freiburg: Herder

Zimmer , R. (2014): Handbuch der Bewegungserziehung. Grundlagen für Ausbildung und pädagogische Praxis. Freiburg: Herder

Zimmer, R. (2019): Handbuch der Psychomotorik. Theorie und Praxis der psychomotorischen Förderung von Kindern. Freiburg: Herder

Zimmer, R. (2015): Kreative Bewegungsspiele. Freiburg: Herder

Zimmer, R./Cicurs, H. (1999): Psychomotorik. Schorndorf: Hofmann

Zinke-Wolter, P. (2005): Spüren-Bewegen-Lernen. Dortmund: borgmann publishing

Fortbildungshinweis

Aktuelle Entwicklungen der Psychomotorik unter anderem auch zu den Themen der Zertifizierung „Anerkannte psychomotorischen Kindertagesstätte“ werden in vielfältigen Fortbildungen der Rheinischen Akademie in Theorie und Praxis weitergegeben:

Rheinische Akademie im Förderverein Psychomotorik Bonn e.V.
Wernher-von-Braun-Str. 3, 53113 Bonn, Tel.: 0228 243394 44
www.psychomotorik-bonn.de

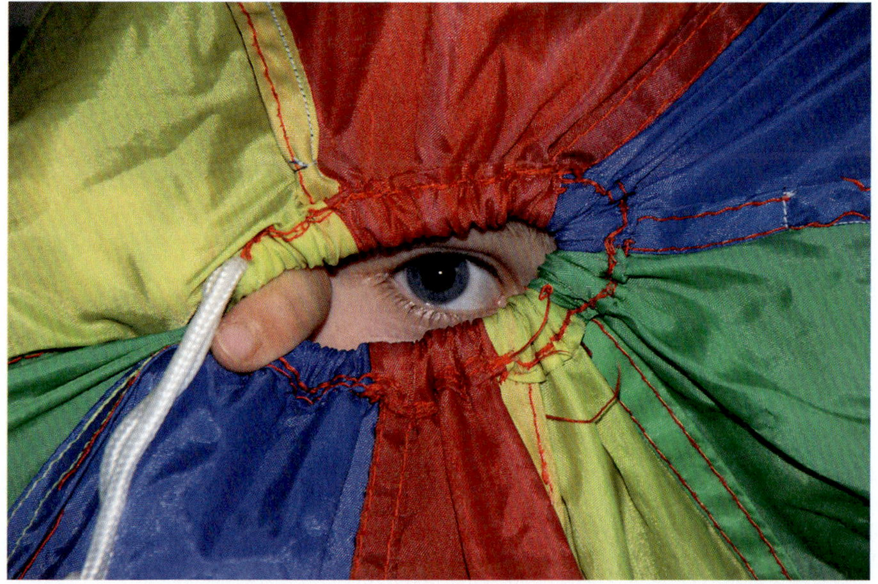

9. Nachwort

Ich möchte mich an dieser Stelle bei allen bedanken, die in den vergangenen 10 Jahren mitgeholfen haben, dieses Zertifizierungskonzept zu entwickeln.

Es sind natürlich zuerst einmal die beteiligten Kindertagesstätten, die Zertifizierungsprozesse durchlaufen und damit für die großen Erfahrungswerte gesorgt haben.

Es sind meine Kolleginnen und Kollegen im Förderverein Psychomotorik Bonn, die mit Rat, Tat und Fortbildungen diese Entwicklung begleitet haben.

Ich bedanke mich auch bei Prof. Dr. Renate Zimmer für ihre im Vorwort zu diesem Buch zum Ausdruck gebrachte Unterstützung des Zertifizierungsgedankens und insgesamt für die langjährige bereichernde Zusammenarbeit.

Dr. Guido Wolf, Vorstandskollege im Förderverein Psychomotorik Bonn und ausgewiesener Experte im Themenspektrum Qualitätsmanagement, bearbeitete die entsprechenden Passagen in diesem Buch. Auch dafür vielen Dank!

Mein Dank gilt auch Manuela Hansmann, die mit Ihrer treffenden Logo-Idee das „Gesicht“ der Zertifizierung „Anerkannte psychomotorische Kindertagesstätte“ entworfen hat.

Last, but not least, danke ich meiner Frau Barbara für die unermüdliche Unterstützung als Diskussionspartnerin und Korrekturleserin meiner bisherigen und zukünftigen Veröffentlichungen.

10. Anhang

Die Seiten 166 bis 189 stehen Ihnen als Download im Format DIN A4 zur Verfügung (Link siehe Buch-Seite 4).

Anhänge

Die im Folgenden dargestellten Checklisten und Reflexionsbögen sollen helfen, die Entwicklung eines psychomotorischen Profils interessierter Kindertagesstätten voranzutreiben. Sich derartige Fragen zu stellen, ist ein permanenter Prozess der Qualitätsverbesserung. Niemand sollte aber davon ausgehen, dass all diese Fragen in einer zertifizierten Einrichtung beantwortet sein sollten – der Weg ist das Ziel!

Die Reflexionsbögen und Checklisten sind auch als Download **(https://www.verlag-modernes-lernen.de/permalink/v1312)** verfügbar. Dies hat den großen Vorteil, dass die im Download zur Verfügung gestellten Unterlagen laufend aktualisiert werden können. Konkret sollen diese Hilfen in regelmäßigen Abständen präzisiert, aktualisiert und/oder erweitert werden. Insofern freuen wir uns über Ihre Rückmeldungen und arbeiten Ihre Erfahrungen und Vorschläge gerne in zukünftige Fassungen ein.

Checklisten

sollen helfen, organisatorisch-inhaltliche Grundvoraussetzungen für eine Zertifizierung abzuarbeiten.

Checkliste 1: Einleitung des Zertifizierungsprozesses / Unterlagen zum Antrag

Checkliste 2: Literatur und Medien

Checkliste 3: Vorschläge für den Aufbau und die Gliederung einer Konzeption als „Anerkannte psychomotorische Kindertagesstätte“

Checkliste 4: Verlängerung des Zertifikates „Anerkannte psychomotorische Kindertagesstätte“

Reflexionsbögen

sind vor allem für die Weiterentwicklung im Team gedacht. Sie enthalten in knapper Form Fragen, die in einer sich psychomotorisch entwickelnden Einrichtung gestellt sein wollen.

10

Reflexionsbogen 1: Inwieweit erfüllt unsere Einrichtung (bereits) psychomotorische Standards

Reflexionsbogen 2: Inwieweit ist unser pädagogisches Team (bereits) in der Lage, das psychomotorische Konzept in seiner Arbeit umzusetzen?

Reflexionsbogen 3: Verfügt unsere Einrichtung über genügend und geeignete Geräte und Materialien zur Bewegungs- und Wahrnehmungsförderung?

Reflexionsbogen 4: Unterstützen unsere Kita-Räume die psychomotorische Praxis?

Reflexionsbogen 5: Ist unser Außengelände anregend und vielseitig?

Reflexionsbogen 6: Die Konzeption – Wen wollen wir worüber informieren?

Reflexionsbogen 7: Kommunikation – Wie gehen wir miteinander um und welches Bild zeichnen wir von uns?

Checkliste 1

Einleitung des Zertifizierungsprozesses

Unterlagen zum Antrag „Anerkannte psychomotorische Kindertagesstätte“

10

Sie möchten Ihre Kindertagesstätte zertifizieren lassen? Dann nehmen Sie Kontakt mit dem Institut für angewandte Bewegungsforschung im Förderverein Psychomotorik Bonn[1] auf.

Ihnen wird dann eine Beratungsperson vermittelt, die Sie in der Kindertagesstätte besucht und Ihre Einrichtung kennen lernt. Mit ihr besprechen Sie Ihre Situation und das weitere Verfahren.

Bitte halten Sie zu diesem Besuch folgende Unterlagen bereit:

- Eine Liste mit den Namen, Qualifikationen und Einsatzbereichen der MitarbeiterInnen;
- Eine Aufstellung der in der Einrichtung vorhandenen Fachliteratur bzw. zur Information und Weiterbildung der MitarbeiterInnen verfügbarer Medien;
- Wenn vorhanden eine Grundrisszeichnung des Kita Gebäudes und des Außengeländes, ansonsten eine einigermaßen maßstabgerechte Skizze
- Gegebenenfalls Unterlagen zu geplanten Umbauten, Erweiterungs- oder Umgestaltungsüberlegungen;
- Wenn vorhanden, die Konzeption und weitere Informationsmedien der Kindertagesstätte;
- Informationen zu Ihrem Träger.

Für den letzten Punkt wäre eine Teilnahme eines Trägervertreters / einer Trägervertreterin am Erstgespräch wünschenswert.

---

1 Anfragen und Unterlagen bitte an: Institut für angewandte Bewegungsforschung (IfaB), Wernher-von-Braun-Str. 3, 53113 Bonn; institut@psychomotorik-bonn.de

In der Eingangsphase des Zertifizierungsprozesses ist auch eine praxisorientierte Teamfortbildung geplant, in der die Eindrücke des Erstgesprächs vertieft und erweitert werden. Je nach Lage der Dinge, kann dieser Tag auch später durchgeführt werden.

In jedem Fall wird die Beratungsperson im Anschluss an den Besuch und wenn möglich des Team-Tages ihre Eindrücke in ihren „Vorschläge(n) zur Weiterentwicklung der Einrichtung“ schriftlich festhalten. Diese Vorschläge umfassen eine Übersicht der aus Sicht der Beratungsperson empfohlenen Schritte zum Erreichen des Zertifikates sowie eine Kalkulation der notwendigen zeitlichen und finanziellen Ressourcen.

Checkliste 2

Literatur und Medien in der „Anerkannte(n) psychomotorische(n) Kindertagesstätte"

10

Um die laufende Fachinformation des Teams sicher zu stellen, die Ideenfindung und Angebotsentwicklung zu bereichern und die Kita immer wieder neu zu beleben, empfiehlt das Zertifizierungskonzept den Aufbau einer Präsenzbibliothek, in der relevante Fachbücher, Zeitschriften, Lehrfilme etc. ständig verfügbar sind. Folgende Titel werden hierfür als psychomotorische Basisliteratur empfohlen[2]:

Beins, H.J.; Cox, S. (2011): Die spielen ja nur. Psychomotorik in der Kindergartenpraxis. Dortmund: borgmann

Beudels, W.; Lensing-Conrady, R.; Beins, H. J. (2019): ... das ist für mich ein Kinderspiel. Handbuch zur psychomotorischen Praxis. Überarbeitete Neuauflage, Dortmund: Borgmann

Beudels, W.; Anders, W. (2018): Wo rohe Kräfte sinnvoll walten. Ringen, Rangeln und Raufen in Pädagogik und Therapie. Dortmund: borgmann

Jost, M.; Beins, H.J (2015): Bewegung und Spiel für die Kleinsten. Psychomotorik für Kinder von 1 – 4 Jahren. Dortmund: borgmann

Lensing-Conrady, R. (2015): Mathe bewegt. Vom Körperraum zum Zahlenraum. Dortmund: borgmann-verlag

Lensing-Conrady, R. (2019): Die psychomotorische Kindertagesstätte – Leitfaden zur Zertifizierung als „Anerkannte psychomotorische Kindertagesstätte", Dortmund: verlag modernes lernen

2 Die Liste ergänzt den Bestand an allgemein pädagogischer Fachliteratur aus Sicht der Psychomotorik. Sie beschreibt den Stand bei Drucklegung. Sie wird in regelmäßigen Abständen in den Download-Listen aktualisiert.

Passolt, M.; Pinter-Theiss, V. (2013): „Ich hab' eine Idee ..." – Psychomotorische Praxis planen, gestalten, reflektieren. Dortmund: verlag modernes lernen

Zimmer, R. (2019): Handbuch der Psychomotorik. Theorie und Praxis der psychomotorischen Förderung von Kindern. Überarbeitete Neuauflage. Freiburg: Herder

Zeitschriften:

Praxis der Psychomotorik, verlag modernes Lernen, Dortmund

Motorik, Reinhard-Verlag, München

Internet-Foren:

https://www.kindergartenpaedagogik.de

Checkliste 3

Vorschläge für den Aufbau und die Gliederung einer Konzeption als „Anerkannte psychomotorische Kindertagesstätte“

Jede Kindertagesstätte ist im Grunde einzigartig. Menschen, pädagogische Vorstellungen und Räume sind zu unterschiedlich, als dass eine verbindliche Gliederung Sinn machen würde. Deshalb hier nur eine Vorlage für Gliederungspunkte, die einen sinnvollen Aufbau der Konzeption gewährleisten.

1. Vorwort (Wer schreibt die Konzeption, an wen richtet sie sich)

2. Unsere Einrichtung
   (Wir sind eine „Anerkannte psychomotorische Kindertagesstätte“ … Unser Träger; Team; Gebäude; Außengelände; Gruppenzahl, -größe, -struktur; Öffnungszeiten …)

3. Unser pädagogisches Konzept
   (Menschenbild / Bild vom Kind; Ziele der pädagogischen Arbeit; Rolle und Erziehungsstil der MitarbeiterInnen; Psychomotorik und weitere relevante Ansätze; die verschiedenen Erziehungsbereiche und der jeweilige psychomotorische Einfluss darauf)

   3.1 besondere Erziehungsbereiche
   - Eingewöhnung
   - Inklusion
   - Partizipation
   - Ernährung
   - Hygiene
   - Raumgestaltung für Bildung und Wohlgefühl
   - Übergang zur Schule

   3.2 Kinderschutz

   3.3 Dokumentation/Portfolio

4. Eltern in unserer Kita
   (Erziehungspartnerschaft; Erwartungen an Eltern; Mitwirkungsmöglichkeiten für Eltern, Informations- und Beteiligungsforen: Elternversammlung, Elternrat etc., Elternbildungsangebote etc.)

5. Unser Träger

   5.1 Geschichte der Einrichtung

6. Kooperationen
   (Zusammenarbeit mit Schulen und in der Gemeinde / im Quartier, mit Frühförderstellen, (Sport-)Vereinen, Beratungsstellen, dem Jugendamt ...)

7. Öffentlichkeitsarbeit
   (Wo finden Interessierte aktuelle Informationen, verfügbare Medien ...)

Checkliste 4

Verlängerung des Zertifikates „Anerkannte psychomotorische Kindertagesstätte“

Zur Vorbereitung eines Besuchstermins und zur Erleichterung einer Bewertung im Verlängerungsverfahren für das Zertifikat sollen folgende Fragestellungen bearbeitet und belegt werden:

10

Weiterentwicklungen im Bereich

1. Personal
Welche personellen Veränderungen haben sich in den letzten 3 Jahren ergeben?
Benötigt werden in jedem Fall
- die Liste der aktuellen MitarbeiterInnen mit ihrem Qualifikationsprofil einschließlich einer Aufstellung von Fortbildungsaktivitäten in den letzten 3 Jahren,
- aktualisierte Liste der pädagogischen Handbibliothek für die MitarbeiterInnen sowie verfügbare Fachzeitschriften und sonstige Medien.

Gibt es einen aktuellen Bedarf an bestimmten Fortbildungsthemen?

2. Räumlichkeiten
Haben sich räumliche und/oder materielle Veränderungen im Innen- und/oder Außenbereich ergeben, und wenn ja, welche?
Welchen Einfluss haben diese auf die Atmosphäre und die pädagogische Arbeit?

3. Konzeption
Haben sich konzeptionelle Veränderungen der Kindertagesstätte ergeben?
Werden neue Schwerpunkte verfolgt?
Hat es psychomotorische Aktivitäten gegeben, die die Konzeption der „psychomotorischen Kindertagesstätte“ verdeutlichen?

4. Organisations- und Kommunikationsstruktur
Haben sich Veränderungen in der Trägerschaft ergeben?
Wird das psychomotorische Konzept weiterhin vom Träger unterstützt?
Wie wurden die Öffentlichkeit und die Eltern über das Konzept und den psychomotorischen Grundgedanken informiert?

10

Welche sonstigen positiv und/oder negativ relevanten Veränderungen sind für die letzten drei Jahre festzustellen oder für die Zukunft zu erhoffen/befürchten?

Wie könnten die Beratungspersonen Ihre Kindertagesstätte noch besser in ihrer Arbeit unterstützen?

Danke für Ihre Vorarbeit.

Reflexionsbogen 1:

Inwieweit erfüllt unsere Einrichtung (bereits) psychomotorische Standards

Die in Kap. 4 beschriebenen psychomotorischen Prinzipien sollten nicht nur theoretisch bekannt sein, sondern sich vor allem in konkreten Alltagssituationen wiederfinden lassen. Die nachfolgenden Fragen sollen helfen, den Alltag diesbezüglich zu durchleuchten.

- Ist unserer Kindertagesstätte Bewegung wichtig?
  - Wie und in welchen Bereichen äußert sich das?
  - Gibt die Kita genügend Raum für Bewegung?
  - Wo besteht dieser Raum konkret?
  - Welche unterschiedlichen Bewegungsdimensionen (Laufen, Krabbeln, Rollen, Rutschen, Klettern, Hangeln, Schaukeln, Balancieren ...) erreichen wir mit unseren Angeboten?
  - Verfügt unsere Einrichtung über entsprechende Bewegungsgeräte (siehe auch gesonderte Reflexionsliste zur Ausstattung)?
  - Inwieweit sind unsere Bewegungsangebote erlebnisorientiert?
  - Gibt es genügend Gelegenheit für bewegtes Freispiel?

- Wie unterstützen wir in der Kita den Aufbau der drei Kompetenzbereiche?
  (zur Erklärung dieser Kompetenzbereiche siehe Kap. 4, S. 43 ff.)
  - Finden wir konkrete Beispiele für den Aufbau von Ich-Kompetenz?
  - Finden wir konkrete Beispiele für den Aufbau von Sach-Kompetenz?
  - Finden wir konkrete Beispiele für den Aufbau von Sozialkompetenz?

- Wie fördert unsere Kita die Wahrnehmungsfähigkeit der Kinder?
  - Finden wir möglichst viele konkrete Beispiele zu den unterschiedlichen Sinnesbereichen?

- Inwieweit folgen unsere Angebote psychomotorischen Prinzipien?

10

- Wie selbstbestimmt entwickeln die Kinder in der Kita ihre spezifischen Lebensthemen? Finden wir konkrete Beispiele für Freiwilligkeit, mit der die Kinder ihre Handlungsbereiche aussuchen?
- Wie versuchen wir, die Stärken der Kinder als Ansatzpunkt der Angebote einzubeziehen?
- Was bedeutet für uns Kindzentriertheit? Wie begegnen wir Kindern auf Augenhöhe? Wie geben wir ihren Wünschen und Ideen Raum?
- Finden wir konkrete Beispiele für Ganzheitlichkeit in unseren Angebotsbereichen, in der unterschiedliche spezifische Fähigkeiten miteinander verwoben werden?
- Finden wir konkrete Beispiele für Handlungs- und Prozessorientierung im Kita-Alltag?
- Wo und wie erfahren Kinder Momente der Selbstwirksamkeit? Lassen sich dafür konkrete Beispiele finden?

- Was bedeutet für uns Aufsichtspflicht?
  - Welche Bereiche dürfen Kinder ohne Aufsicht nutzen?
  - Lässt die Kita für Kinder Risiken zu? Wenn ja, wo und wie?
  - Finden die Kinder Verstecke in Ihrer Kita? Wenn ja, wo?
  - Wie versuchen wir, Kinder risikokompetenter zu machen?

- Wie äußert sich in unserer Kita der Gedanke der Inklusion? Wo ist Inklusion in unserer Einrichtung erlebbar?

- Was verstehen wir unter Vielfalt? In welchen Bereichen kommt das Prinzip der Vielfalt konkret zum Ausdruck?

Reflexionsbogen 2:

Inwieweit ist unser pädagogisches Team (bereits) in der Lage, das psychomotorische Konzept in seiner Arbeit umzusetzen?

Die im folgenden aufgeworfenen Fragen setzen sich mit der Rolle des/der ErzieherIn auseinander. Sie sollten in Gruppen oder im Team diskutiert werden.

- Haben wir uns als MitarbeiterInnen der Kita mit der Psychomotorik auseinandergesetzt?
  - Wenn ja, wer von uns und in welcher Form?
    Durch Literatur/Medien, im Rahmen von Fortbildungen, im Rahmen einer Zusatzqualifikation Psychomotorik, sonstige Zugänge?

- Besteht Einvernehmen im Team, psychomotorisch arbeiten zu wollen? Kann jede MitarbeiterIn erklären, was er/sie damit meint?

- Fühlen sich alle Teammitglieder dafür verantwortlich, dass die Psychomotorik in der Kindertagesstätte erfolgreich in die Praxis umgesetzt wird?

- Die psychomotorische Haltung äußert sich in Details, die im Team besprochen werden sollten:
  - Wie sehen wir Kinder (als schutzbedürftige Wesen, kleine Tyrannen, als „Äpfel, die nicht weit vom Stamm fallen", als autarke und selbstständige Persönlichkeiten ...?)
  - Wie gehen wir mit unserem Wissensvorsprung um? Nutzen wir diesen zur Instruktion und Lenkung oder als Hintergrund zur Anregung und Entwicklung einer geeigneten Lernumgebung?
  - Wie viel Input brauchen Kinder? Wie erkennen wir die Grenze zwischen Wissensdurst und Überforderung?
  - Inwieweit gehen wir von Selbstlernprozessen der Kinder aus? Wann und wo ist die Begleitung durch Erwachsene hilfreich oder notwendig?
  - Wann können, wann sollten wir Kinder in ihrem Spiel alleine lassen? Wie sehen Situationen aus, in denen wir uns aus dem Spiel herausnehmen können?

- Wie ist unser Verhältnis zu den einzelnen Kindern? Sind wir im Dialog bzw. wie begeben wir uns dorthin?
- Nehmen wir die Gefühlslagen der Kinder wahr? Wie viel Wert messen wir dem Umstand bei, dass sich Kinder in unserer Zusammenarbeit wohlfühlen. Wie können wir dieses Gefühl verstärken?
- Wie geben wir der Entwicklung und dem Selbstlernen Zeit, angesichts der hohen Erwartungen vieler Eltern? Wie begründen wir unser Handeln?
- Wie können wir Kindern helfen, ihre Erlebnisse zu verarbeiten?
- Wie viel Verantwortung geben wir an das Kind ab (und wann)? Wie gehen wir um mit Risiken, Konflikten und unserer Aufsichtspflicht?

- Wie und wann bereiten wir unsere Arbeit vor.

- Wie gehen wir mit Situationen um, in denen es nicht so läuft, wie erwartet und geplant? Wie konsequent sollten wir dabei sein, unsere Vorhaben zu verfolgen?

- Wie gehen wir mit unserer Vorbildfunktion für Kinder um? Ist sie Anlass, keine Schwäche zu zeigen?

- Sind wir ausreichend in der Lage, Handlungen der Kinder in ihrer biografischen Entwicklung einzuordnen, zu dokumentieren, aber auch zu analysieren?

- Sind wir in der Lage, mit Eltern auf Augenhöhe zu sprechen. Wie reagieren wir bei uns unangemessen erscheinenden Elternerwartungen? Wie sehen wir unsere Rolle im Spannungsfeld Eltern-Kinder?

Reflexionsbogen 3:

Verfügt unsere Einrichtung über genügend und geeignete Geräte und Materialien zur Bewegungs- und Wahrnehmungsförderung?

10

Oft verfügen die Kindertagesstätten über eine Fülle von Materialien und Geräten, die zum Teil das tägliche Angebot beleben, zum Teil aber auch in Lagerräumen und irgendwelchen Ecken in Vergessenheit geraten. Die Fragen einer diesbezüglichen Reflexion gehen davon aus, dass einerseits jede MitarbeiterIn weiß, was vorhanden ist und wie es genutzt wird, und dass andererseits dieser Bestand auf seine Sinnhaftigkeit überprüft, auf das Wesentliche beschränkt oder auch sinnvoll ergänzt wird:

- Verfügt die Kindertagesstätte über eine Inventarliste? Ist diese nach Sach- bzw. Funktionsbereichen geordnet? (Dies erleichtert den Überblick, auch wenn manches Gerät im Einzelfall nicht eindeutig zuzuordnen ist). Enthält sie Hinweise, wann die Geräte / Materialien angeschafft wurden und wo sie sich befinden? Wird diese Liste regelmäßig aktualisiert?

- Welche Geräte im Innen- und Außenraum unterstützen Bewegungserfahrungen der Kinder?

- Können wir die in den Innenräumen vorhandenen Geräte benennen, die Bewegungsgrunderfahrungen erlebbar machen, wie
  - Beschleunigen (schnell-langsam werden in verschiedene Richtungen; Gerätebeispiele: Rollbretter und Rollbrettbahnen, Rutschen, Roller, Laufräder und andere Fahrgeräte, Sprossenwand ...)
  - Rotieren (sich um verschiedene Körperachsen drehen; Gerätebeispiele: Varussell, sonstige Karussellscheiben, Rolltonnen, Schrägen, Rampen, Ein-Punkt-Aufhängungen für Fender etc.)
  - Schwingen (Gerätebeispiele: Schaukeln, Wiegen, Schaukelpferde, Hängestühle etc.)
  - Balancieren (Gerätebeispiele: Turnbänke, Balken, Stege, Balance-Kreisel, etc.)
  - Klettern und Hangeln (Gerätebeispiele: Sprossenwand, Hangelleitern ...)
  - Springen (Gerätebeispiele: Minitrampolin, Matratzen ...)
  - Werfen (Gerätebeispiele: Luftmatz, Softbälle ...)

- Bietet unser Außengelände entsprechende Geräte für die genannten Kategorien? Kommen alle genannten Erfahrungsbereiche vor?
- Welche psychomotorischen Geräte und Materialien haben wir im Bestand?
  (Gerätebeispiele: Heulrohre, Schaumfrisbees, Seilchen, Baumwoll- und Chiffontücher, Schaukel- und Schwungtücher ...)
- Mit welchen Geräten und Materialien fördern wir weitere Wahrnehmungsbereiche wie
  - Visuelle Wahrnehmung
  - Auditive Wahrnehmung
  - Taktile Wahrnehmung
    - In welchen Bereichen sollte der Geräte- und Materialienbestand ergänzt werden. Gibt es dafür konkrete Wünsche und Vorschläge? Welche?
- Welche Geräte und Materialien sind für folgende Erfahrungsbereiche vorhanden?
  - Bauen, Konstruieren
  - Materialerfahrung, Werken
  - Entspannung, Ruhe
  - Kreativität, Malen und Gestalten
  - Rollenspiel
    - In welchen Bereichen sollte der Geräte- und Materialienbestand ergänzt werden. Gibt es dafür konkrete Wünsche und Vorschläge? Welche?
- Welche weiteren Förderbereiche sind uns wichtig und welche Geräte und Materialien halten wir dafür bereit?
- Was brauchen wir unbedingt noch für unsere Arbeit?

Reflexionsbogen 4:

Unterstützen unsere Kita-Räume die psychomotorische Praxis?

Die Möglichkeiten, psychomotorisch zu arbeiten, werden auch von den zur Verfügung stehenden Räumen beeinflusst. Ziel dieser Reflexion ist es, die Möglichkeiten und Grenzen der als Kindertagesstätte genutzten Räume auszumachen, um Ansatzpunkte für eine sinnvolle Ergänzung und Erweiterung zu finden.

10

- Wie viel Fläche steht uns als umbauter Raum insgesamt zur Verfügung?
  - Um einen objektiven Wert zu erhalten, teilen wir die vorhandene Fläche durch die Zahl der betreuten Kinder. (Sie sollte über 4 qm liegen.)
  - Subjektiv gesehen; fühlen wir uns beengt oder frei?
  - Wo können sich die Kinder ausreichend bewegen? In der Turnhalle (falls vorhanden), in den Fluren, in bestimmten oder in allen Räumen?
  - Wie schaffen wir mehr Bewegungsraum für die Kinder? Was engt möglicherweise aktuell den Bewegungsraum am meisten ein? Raumenge, Mobiliar oder Ruhebedarf? Sehen wir weitere Einschränkungsgründe?
  - Werden wir dem besonderen sensomotorischen Bedarf von Kleinkindern gerecht? Haben die Kinder über die Bodenfläche hinaus unterschiedliche Höhen (z. B. durch Podeste), die erklommen oder von denen heruntergerutscht werden kann? Welche Bewegungsaktivitäten können die Kinder in unseren Räumen entfalten?

- Wie nutzen wir die Räume? Sind wir, abgesehen von konzeptionellen Gesichtspunkten (Gruppenräume / Funktionsräume), auf bestimmte Themen festgelegt? In welchen Bereichen sind unsere Räume flexibel nutzbar?
  - Wie können wir die Flexibilität der Raumnutzung erhöhen?
  - Lässt unser Mobiliar Veränderung zu? Wie können wir das Umschalten von einer auf die andere Funktion erleichtern? Könnten z. B. schwerere Möbel auf Rollen gestellt werden? Wo könnten

Klapptische feste Tische im Raum ersetzen? Verfügen wir über sonstige mehrfunktionale Möbel?

- Lassen sich Lager- und Stauräume einrichten, die kurzfristig auch Möbelstücke aufnehmen können?
- In welchen Räumen besteht die Möglichkeit, Schaukel- und Schwinggeräte an der Decke zu befestigen. Wo könnten solche Aufhängungen zusätzlich installiert werden?

- Welche Lernfelder unterstützen unsere Räume? Wo bieten sie für welche Aktivitäten besonders gute Bedingungen?

- Wie lassen sich bestimmte Angebotsbereiche wirksam unterstützen?
  - Können bestimmte Spiel- und Lernbereiche durch gezielte Beleuchtung, z. B. einen auf den Bauteppich gerichteten Spot, focussiert werden?

- Fühle ich mich, fühlen wir uns wohl in unseren Räumen?

Reflexionsbogen 5:

Ist unser Außengelände anregend und vielseitig?

Das Außengelände kann die Innenräume für die pädagogische Praxis in vielfältiger Hinsicht (vgl. Kap 5.2.2.2) ergänzen. Es ist mehr als Toberaum und „Ausgleichsfläche". Es bietet zusätzliche und in mancher Beziehung geeignetere Lernfelder als unsere Innenräume. Die folgenden Fragen sollen helfen, diese Aspekte für die eigene Einrichtung zu beleuchten.

- Wie viel Außenraum haben wir eigentlich? Liegt eine Skizze/Zeichnung etc. für dieses Gelände vor? Empfinden wir unser Außengelände als genügend groß? Halten wir es für genügend abwechslungsreich?
  - Wenn dieses Gelände als unzureichend empfunden wird – wo kann es durch Außenaktivitäten (Spielplatznutzung, Waldtage, etc.) ergänzt werden?

- Bietet unser Gelände genügend Raum und Anlass für Bewegung?
  - Welche Formen von Bewegung können verwirklicht werden?
  - Sollten weitere Bereiche hinzukommen – welche Ergänzungen würden wir uns wünschen?
  - Sind unsere Spielgeräte im Gelände „Sinn-voll"? Sind sie vielseitig verwend- und veränderbar oder eher monofunktional?
  - Ist unser Gelände ausreichend modelliert? Finden Kinder Höhen und Tiefen, Schrägen und Stufen ...?
  - Wie frei dürfen sich Kinder bewegen? Welche Bewegungsrisiken erleben sie? Finden sie Verstecke? Sollten sie diese finden, oder spricht unsere Aufsichtspflicht dagegen?

- Bietet unser Gelände genügend Anlässe für Naturerfahrungen?
  - Gibt es Erfahrungsstationen für die Elemente, Feuer, Luft, Wasser und Erde?
  - Finden Kinder extensiv gepflegte Räume vor, wie Blumenwiesen, Biotope, Hecken- und Buschwerk, etc.?
  - Wo und wie können Kinder Insekten, Vögel und andere Tiere beobachten? Welche Pflanzen und Geländeanlagen bieten für diese Tiere geeignete Lebensräume und dadurch für Kinder gute Beobachtungschancen?

10

- Finden die Kinder in unserem Gelände genügend Möglichkeiten, die Wechselwirkung Mensch-Natur real zu erfahren?
  - Solche Möglichkeiten könnten von Nutzgärten/Hochbeeten/Kräuterspiralen etc. ausgehen, in denen z. B. Pflege mit Ertrag belohnt wird ...
  - Welche Bäume und Pflanzen bietet das Gelände, und welcher Nutzen für das Naturerleben gehen davon aus?
  - Bieten wir Spielräume wie Erdkuhlen, Matschanlagen usw. an?

- Bietet unser Gelände geeigneten Raum für intensivere Kommunikation in kleineren Gruppen (Steinforum, Sitzgruppen, Weidenhäuschen, Hecken, Wege, Plätze ...)?
  - Wo kommt es im Gelände bereits zu intensiverer Kommunikation?
  - Könnten solche Situationen verstärkt werden?
  - Wie sind die einzelnen Angebotsbereiche, Aktivitätsplätze und Ruhebereiche miteinander verbunden? Welche Wege bieten wir an?

- Wo können Kinder und Erwachsene in unserem Gelände zur Ruhe kommen? Bieten wir geeigneten Raum für Erholung und Entspannung?

- Bietet unser Gelände Möglichkeiten, zumindest bei geeignetem Wetter bestimmte Angebote aus den Innenräumen (Atelier, Bauen und Konstruieren, Werken ...) im Außenbereich weiterzuführen oder gar zu verstärken?

10

Reflexionsbogen 6:

Die Konzeption – Wen wollen wir worüber informieren?

Die Konzeption beschreibt das Angebot der Kindertagesstätte in all seinen vereinbarten Facetten. Denn wie in Kap. 5.2.3 beschrieben ist sie in erster Linie dies: eine Vereinbarung. Insbesondere das Team, aber auch der Träger und alle weiteren Verantwortlichen vereinbaren, wie und nach welchen inhaltlichen Vorstellungen sie die Arbeit der Kita begründen und organisieren. In Hinblick auf die Zertifizierung ist von grundlegender Bedeutung, dass das psychomotorische Konzept in alle Bereiche der Angebotsentwicklung eingearbeitet wird, und nicht etwa nur additiv als gesonderter Punkt erscheint. Im Zentrum der Konzeptionsentwicklung steht das Team, das sich mit Fragen wie folgenden auseinandersetzen muss:

- Wird eine bestehende Konzeption überarbeitet, oder wird eine komplett neue Konzeption entworfen?
  - Welche Aspekte der bestehenden Konzeption stimmen nicht mehr mit unserem Handeln oder unseren Vorstellungen überein?
  - Welche Aspekte sollten in unserer Konzeption beschrieben sein? (Ein Gliederungsvorschlag ist als Checkliste angefügt.)
  - Wie werden diese Aspekte durch Psychomotorik erweitert und bereichert?
  - Wird unser frühpädagogisches Konzept deutlich? Was ist das übergeordnete Ziel unserer Arbeit?
  - Wird die Situation (Lebenslagen, Familie, Wohnumfeld, Raumsituation etc.) der Kinder so einbezogen, dass hieraus eine Begründung der Konzeption und der Bedarfe für die Kindertagesstätte abgeleitet werden kann?

- Inwieweit ist das gesamte Team in die Vorbereitung der Inhalte und die Diskussion einbezogen?
  - Können alle Mitarbeitenden ihre jeweiligen Kompetenzen und Stärken einbringen? Werden sie in ihrer Rolle im Team bestärkt?
  - Was können wir tun, damit alle Teammitglieder der Auffassung sind, dass dies ihre Konzeption ist und dass sie diese dann auch als verbindlichen Rahmen ihres Handelns akzeptieren?

- Wie können wir erreichen, dass alle MitarbeiterInnen stolz auf die in der Konzeption dargestellte Arbeit der Einrichtung sind?
- Wie kann in einem zusätzlichen Organisationskonzept erreicht werden, dass die Verantwortlichkeiten in den Arbeitsbereichen in etwa gleich verteilt werden?

- Wird unser pädagogischer Alltag durch die Konzeption hinreichend deutlich?
  - Sind wir im Team der Meinung, dass die Konzeption alle uns wichtigen Bereiche anspricht?
  - Finden Eltern klare Hinweise, was ihre Kinder in der Einrichtung erwartet? Enthält der Betreuungsvertrag mit den Eltern übereinstimmende Informationen?
  - Finden Eltern verständliche Hinweise, was von ihnen erwartet wird? Wo und wie können sich Eltern in der Kita engagieren?
  - Kann sich der Träger mit Hilfe der Konzeption ein realistisches Bild von dem Alltag der Kindertagesstätte machen und die Inhalte glaubhaft vertreten?
  - Werden potentielle neue MitarbeiterInnen durch die Konzeption positiv angesprochen und realistisch informiert, was sie in der Kindertagesstätte erwartet?

- Für wen schreiben wir unser Konzept?
  - Welche Teile unserer Konzeption sind eher für den internen Gebrauch (Team, Eltern) bestimmt?
  - Welche Teile beschreiben, welche Teile werben – und wo ist der Unterschied?
  - Welche Inhalte sind für die Außendarstellung (Pressetexte, Sponsorensuche, Trägerkommunikation, (Lokal-)Politik, Verwaltung) geeignet?
  - Welches Lay-Out entspricht dem Bedarf der Zielgruppe?

Reflexionsbogen 7:

Kommunikation – Wie gehen wir miteinander um und welches Bild zeichnen wir von uns?

10

Es liegt im Interesse einer Kindertagesstätte und ihres pädagogischen Auftrages, über alle Prozesse, von den Organisationsabläufen der Einrichtung bis hin zu den Entwicklungsverläufen der Kinder, zu informieren und damit die Arbeit transparent zu machen. Allerdings hängt die Kommunikation in Inhalt und Struktur von der jeweiligen Interessenlage und Zielgruppe ab. Es ist ohne Zweifel sinnvoll, zwischen internen Kommunikationsstrukturen und externer Öffentlichkeitsarbeit zu unterscheiden, diese Abgrenzung im Team zu reflektieren und zu diskutieren und damit eine Strategie zu entwickeln.

- Interne Kommunikation
  - Welche Gruppen zählen wir zu diesem internen Bereich?
  - Wie kommunizieren wir im Team?
    - Was trägt unsere Zusammenarbeit? Was tun wir für das „Wir-Gefühl"?
    - Was ist das Besondere an unserer Einrichtung?
    - Kommunizieren wir auf „Augenhöhe"? Wie werden Beschlüsse herbeigeführt?
    - Wie halten wir die Transparenz im Team aufrecht? Sind wir alle auf dem gleichen Stand?
  - Wann und wie sprechen wir Eltern an? Wie persönlich oder distanziert gehen wir mit ihnen um?
  - Wie empfangen wir Kinder, Eltern und andere BesucherInnen im Eingangsbereich der Kindertagesstätte? Wie halten wir die jeweils wichtigen Informationen bereit?
  - Wann und wie verfassen wir Elternbriefe?
  - Wie organisieren wir ein Eltern-Café oder eine Elterngesprächsecke?
  - Inwieweit nutzen wir elektronische Medien? Was eignet sich für eine e-mail-Nachricht, was für schriftliche Infopapiere?
  - Wie laden wir zu Elternabenden, Sommerfesten etc. ein?

10

- Externe Öffentlichkeitsarbeit
  - Wer sind wir? Welches Profil wollen wir entwickeln?
  - Wie wichtig ist uns das Erscheinungsbild außerhalb unserer Kindertagesstätte? Inwieweit betrifft das unsere Arbeit?
  - Mit welchem Erscheinungsbild treten wir auf? Trifft unser Logo zu, bzw. wie entwickeln wir ein zutreffendes attraktives Logo?
  - Wer informiert die Öffentlichkeit? Ist das „Chefsache" der Kita-Leitung oder Aufgabe des Teams, Elternrates, Trägers ...?
  - Wie steht der Träger zu den jeweiligen Veröffentlichungsinhalten?
  - Inwieweit nutzen wir Eltern als Multiplikatoren?
  - Wie stellen wir sicher, dass wir mit „einer Stimme" sprechen?
  - Wer sind hier unsere Zielgruppen?
  - Was könnte einzelne Gruppen besonders interessieren?
    - Wie sprechen wir Sponsoren an?
    - Wofür interessieren sich Großeltern?
  - Haben wir Zugang zur Presse bzw. wie stellen wir ihn her?
    - Wie verfassen wir eine Pressemitteilung?
    - Wann informieren wir die Presse? (zeitlicher Vorlauf ca. 10 Tage; welche Nachricht ist von öffentlichem Interesse, usw.)
  - Inwieweit nutzen wir eine Homepage, soziale Medien etc.
    - Welche Kompetenzen haben wir im Umgang mit modernen Medien bzw. wie schaffen wir diese Kompetenzen?
    - Wie halten wir die hier aufbereiteten Informationen aktuell

- Präsenz im Quartier
  - Wann und wie beteiligen wir uns an Aktivitäten in der Gemeinde, im Wohnumfeld oder im Zusammenhang politischer und sozialer Organisationen?
    - Welche Kapazitäten haben wir dafür?
    - Wo liegt unser eigenes Interesse?

Ausgezeichnete Bücher für Ihre Praxis ...

die schönsten deutschen bücher · shortlist 2016

Mariele Diekhof

Kita KITOPIA

Eine Reise ins Land der spannenden Pädagogik für PädagogInnen und Eltern
Ein Abenteuer-Fachroman der ganz besonderen Art

Dieses Buch beschreibt in faszinierend ungewohnter Art und Weise, wie gute Pädagogik in Kitas gelingen kann: mit erfolgreicher Bildungsarbeit, fernab vom Überaktionismus und der allgemein verbreiteten Angebotspädagogik. Es ist eine Einladung zu einer abenteuerlichen und spannenden Reise, die in ein aufregendes Land führt, in ein Land voller Phantasie, Zauberei, Bildung und Lebenslust. Alles spielt in der „KITOPIA", in einer virtuellen Kita, in der die Kinder Kind sein dürfen und von herzlichen und professionellen ErzieherInnen begleitet werden. Das Buch schenkt unzählige Einblicke hinter die Kulissen, weckt die Neugier und eröffnet völlig neue Denkansätze.

24 Türen warten darauf geöffnet zu werden: Hinter jeder Tür verbergen sich bunte Bilder, Begegnungen und inspirierende Geschichten, die zum Staunen, Lachen und Nachdenken anregen. Die Leser werden kleinen und großen Menschen begegnen, von ihren Träumen, Wünschen und Visionen erfahren und sie im alltäglichen Tun begleiten. Sie sind mittendrin im pulsierenden Alltag, spüren die Lebenslust und die Leichtigkeit.

(2016 in der Shortlist der Stiftung Buchkunst, als eines der schönsten Bücher Deutschlands.)

„Freiheit, Abenteuer, Lebenslust statt Förderwahn und Leistungsfrust! Es gibt noch viele interessante Ideen in dem Buch, z.B.: Die Tür zum Büro der Leitung, Die Tür zur Kinderkonferenz, Die Tür zur Eltern-Klön-Ecke. Ich bin so begeistert von diesem Konzept, dass ich jedem nur empfehlen kann, das Buch zu lesen und zu spüren, wie viel Leichtigkeit und Spaß die Arbeit in einem Kindergarten beinhalten kann." Britta Fichert, Theraplay – Schwierige Kinder Journal

„Es ist wohltuend, in der aktuellen Menge frühpädagogischer Literatur genau dieses Buch in den Händen zu halten. Es theoretisiert nicht herum, konzentriert sich von Anfang an auf die Praxis, folgt keinen dogmatischen Pädagogiktrends, läuft keiner bildungspolitischen Strömung hinterher und bringt stets das Wesentliche, ohne Umschweife, auf den Punkt." Dr. Armin Krenz, KiTa aktuell

2. Aufl. 2017, 320 S., zweifarbig, Format 16x23cm, Klappenbroschur
ISBN 978-3-8080-0777-8 | Bestell-Nr. 1264 | 26,95 Euro

Isolde Albers / Anja Reincke

Zwei kleine Kreise gehen auf die Reise ...

Mal-Reime: Wie Hand und Mund sich helfen – Mit kognitiven Strategien und Kreativität zum Erfolg

Dies ist ein Buch für alle, die Kinder und Enkelkinder zum Malen verführen wollen. Das Besondere der Mal-Reime ist, dass zeitgleich gesprochen und gemalt wird. So entsteht Schritt für Schritt „mit Hand und Mund" ein schönes Bild, das mit Phantasie und Kreativität weiter ausgeschmückt werden kann. Ein wunderbares Buch, das kleine und große Künstler erfolgreich und stolz machen wird. Spaß und Freude am Prozess und am Ergebnis der Mal-Reime sind garantiert!

„Die Zeichnungen und Texte sind ganz einladend, ansprechend und liebevoll gestaltet. Da bekommt man sofort Lust loszuzeichnen!!! So ein Buch hat uns wirklich gefehlt. Endlich einmal sinnvoll und nicht so langweilige Grafomotorikblätter ..." Britta Winter, Ergotherapeutin

„Meine Enkelin (3) und ich haben einen Riesenspaß mit den 'Strich-Malereien'. Mein Sohn (Logopäde) ist ebenfalls begeistert." Leserstimme

„Ich bin begeistert von diesem Buch! Schon lange habe ich mir so etwas gewünscht. Herzlichen Dank den Autorinnen!" Erzieherin

3. Auflage 2019, 116 S., farbige Abb., Format DIN A4, Ringbindung, Alter: 4-99, **ISBN 978-3-8080-0734-1 | Bestell-Nr. 1606 | 18,80 Euro**

Ursula Hahnenberg / Daniela Diephaus

Das große Förder-Spiele-Buch 1

2-4 Jahre

Eltern, Erzieher und Therapeuten haben ein gemeinsames Ziel: sie wollen Kinder optimal auf die vielfältigen Anforderungen, mit denen sie heute täglich konfrontiert werden, vorbereiten. In diesem Buch werden fachkundig und verständlich Spiele, Basteleien und Beschäftigungsmöglichkeiten aufgezeigt, mit denen Wahrnehmung, Grob- und Feinmotorik, Kognition, Kreativität, Sprache und Persönlichkeit gefördert werden. In diesem ersten Teil werden einfache und kostengünstige Ideen für Kinder ab 2 Jahren vorgestellt, die ergotherapeutisch kommentiert und in der Praxis erprobt sind. Übersichtliche Darstellungen helfen dabei, schnell die richtige Beschäftigung für jede Gelegenheit zu finden. Ein unentbehrlicher Ideenratgeber für ErzieherInnen, TherapeutInnen und die ganze Familie!

„Das Buch ist meiner Meinung nach ideal geeignet für Eltern mit Kindern zwischen 2-4 Jahren. Alle Spiel- und Beschäftigungsideen kann man mit sehr geringem Material- und Zeitaufwand umsetzen.
Für alle Eltern, angehende Erzieherinnen und Krippenpersonal kann das Buch durch die Fülle und die Angebotsbreite eine sehr sinnvolle Ideensammlung sein." Daniela Pfaffenberger, Erzieherin

3. Aufl. 2019, 176 S., farbige Abb., 16x23cm, Klappenbroschur, Alter: 2-4
ISBN 978-3-938187-68-5 | Bestell-Nr. 9417 | 16,95 Euro

vml verlag modernes lernen

Schleefstraße 14, D-44287 Dortmund
Telefon 02 31 12 80 08, Fax 02 31 12 56 40
Gebührenfreie Bestell-Hotline: Telefon 08 00 77 22 345, Fax 08 00 77 22 344
Leseproben und Bestellen im Internet: www.verlag-modernes-lernen.de

Fundierte Praxis ... Psychomotorik aus erster Hand

Wolfgang Beudels / Wolfgang Anders

Wo rohe Kräfte sinnvoll walten

Handbuch zum Ringen, Rangeln und Raufen in Pädagogik und Therapie

Ringen, Rangeln, Raufen sind unter Kindern und Jugendlichen besonders beliebte Formen direkter körperlicher und geistig-seelischer Auseinandersetzung. Das spielerische Kämpfen mit dem Partner fördert u.a. das Körper- und Selbstbewußtsein, Toleranz und Nachsicht und entwickelt spielerisch empathische Fähigkeiten sowie mit Sanftheit gepaarte Sensibilität. Nach einer umfassenden theoretischen Einführung werden vielfältige Anregungen zur praktischen Umsetzung vorgestellt. Die zahlreichen Vorschläge lassen sich sowohl im Kindergarten- und Regelschulbereich als auch in sonderpädagogischen Arbeitsfeldern umsetzen. Das Spektrum erstreckt sich von Übungen und Spielen zur behutsamen (Körper-)Kontaktaufnahme über kraft- und geschicklichkeitsgepaarte Aktionen, bis hin zur Gestaltung von komplexen sozialen Situationen. Dabei sind die Inhalte zum einen an „klassische Disziplinen" (wie Ringen, Judo, Boxen) angelehnt, die sorgfältig für den Einsatz in der bewegungsorientierten Entwicklungsförderung für die verschiedenen Altersbereiche aufbereitet wurden. Zum anderen orientieren sie sich an den zentralen Zielsetzungen der psychomotorischen Förderung.

6. Aufl. 2018, 288 S., über 250 farbige Fotos, Format 16x23cm, br
Alter: 6–17
ISBN 978-3-86145-251-5 | Bestell-Nr. 8404 | 22,50 Euro

Wolfgang Beudels / Nicola Kleinz / Kerstin Delker (Hrsg.)

Außer Rand und Band

WenigKostenvielSpaßGeschichten mit Alltagsmaterialien

„Dieses Buch überträgt die Lust und Motivation der zahlreichen AutorInnen mühelos auf die LeserInnen. Die in der gemeinsamen Praxis gemachten Erfahrungen kommen der Präsentation zugute. Die Orientierung innerhalb der gebotenen Ideenfülle fällt aufgrund der gelungenen Strukturierung leicht. Anmerkungen, Material- oder Bastelangaben sind knapp gehalten und treffend formuliert. Wem es zu wenig ist, die vorformulierten Geschichten für die eigene Praxis zu übernehmen, der kann diese variieren, mit den Kindern gemeinsam fortspinnen oder eigene erfinden. Ganz ausgezeichnet sind die zahlreichen, teils großformatigen Fotografien. Sie strotzen so vor Spiellaune und Dynamik, dass sich das Papier zu bewegen scheint." kindergarten heute

„Überzeugend ist der wirklich ganzheitliche Ansatz, der neben der motorischen auch soziale, kognitive und sprachliche Aspekte berücksichtigt und die leichte Umsetzbarkeit bei sehr geringem Materialbedarf. Ein zudem sehr klar und übersichtlich gestalteter Band, empfehlenswert für alle, die Kinder in Bewegung bringen wollen." Spuk Info-Dienst

5. Aufl. 2011, 200 S., Format DIN A4, br | Alter: 6–10
ISBN 978-3-86145-109-9 | Bestell-Nr. 8541 | 19,95 Euro

Förderverein Psychomotorik Bonn e.V.

Bewegungsspaß mit Wirkung!

Erfahrungen und Perspektiven der psychomotorischen Förderung

„Wer Psychomotorik nicht als ‚reine Lehre', sondern als lernendes System versteht, wird ständig auf der Suche sein, das Konzept zu vervollständigen, es auf gesellschaftliche Veränderungen oder psychosoziale Entwicklungen einzustellen, die Praxistauglichkeit und Wirksamkeit weiter zu erhöhen, neue und/oder zusätzliche Anwendungsfelder zu suchen.
In diesem Rahmen werden vier der Bereiche vorgestellt, in denen die Psychomotorik über den derzeitigen Stand hinauswirken kann. Dabei handelt es sich um eine Auseinandersetzung mit dem ‚Malort' nach Arno Stern als Beispiel für die Erweiterung des psychomotorischen Handlungskonzeptes, den Versuch, Natur stärker als Lernfeld der Psychomotorik einzubeziehen. Dies dient als ein Beispiel für die Erweiterung des Handlungsumfeldes; ein psychomotorisches Theorie-Praxis-Modell (GGT) für Seniorinnen und Senioren als ein Beispiel für die Erweiterung der Zielgruppenperspektive; die Darstellung des Prozesses der Zertifizierung ‚psychomotorische Kindertagesstätte' als ein Beispiel für die Initiative der Qualitätsentwicklung im gesellschaftlichen Umfeld." Oliver Neumann, lehrerbibliothek.de

2010, 160 S., farbige Abb., Format 16x23cm, Klappenbroschur
ISBN 978-3-86145-320-8 | Bestell-Nr. 8412 | 18,80 Euro

Martin Vetter / Ulrich Kuhnen / Rudolf Lensing-Conrady

RisKids

Wie Psychomotorik hilft, Risiken zu meistern – 104 Spielideen

„Dieses Buch zeigt, wie mit Psychomotorik gezielte Bewegungsförderung von Kindern erfolgen kann. Es gibt anhand praktischer Beispiele einen Überblick für Erzieherinnen, Lehrer, Therapeuten und Eltern, wie Kinder gefördert werden können und wesentliche Bildungsbereiche bei der Entwicklung unterstützt werden.
Die praktischen Beispiele sind sehr abwechslungsreich und für alle Altersgruppen geeignet. Sie lassen sich leicht lesen und schnell umsetzen, da die genaue Durchführung exakt beschrieben ist.
Als Fachbuch finde ich RisKids sehr für die Arbeit mit Kindern geeignet. Sie haben Spaß an der Umsetzung der Angebote und werden optimal gefördert. Bewertung: empfehlenswert." www.ajum.de

„Das Buch ist für die Praxis in Kindertagesstätten und Schulen genauso zu empfehlen wie für Psychomotorikgruppen. Durch die Ergebnisse vieler Studien liefert das Buch wertvolle Grundlagen für theoretische Diskussionen." Dörte Detert, socialnet.de

2008, 224 S., farbige Abb., Format 16x23cm, fester Einband | Alter: 3–10 | **ISBN 978-3-86145-278-2 | Bestell-Nr. 8340**
TIPP: Nur noch beim Verlag direkt erhältlich für NUR 8,00 Euro inkl. Versandkosten!

verlag modernes lernen

Schleefstraße 14, D-44287 Dortmund
Telefon 02 31 12 80 08, Fax 02 31 12 56 40
Gebührenfreie Bestell-Hotline: Telefon 08 00 77 22 345, Fax 08 00 77 22 344
Leseproben und Bestellen im Internet: www.verlag-modernes-lernen.de